LE CHEVALIER BAYARD.

In-8° — 2ᵐᵉ SÉRIE.

CHEVALIER BAYARD

SURNOMMÉ

SANS PEUR ET SANS REPROCHE

Par M. H. du M...

<table>
<tr><td>LIMOGES
F. F. ARDANT FRÈRES,
11, Avenue du Midi.</td><td>PARIS
F. F. ARDANT FRÈRES,
4, Quai du Marché-Neuf.</td></tr>
</table>

Le chevalier Bayard.

Bayard naquit en Dauphiné, au château du Terrail, dont il porta le nom, en l'année 1476, sous le règne de Louis XI. Guillaume d'Avançon, archevêque d'Embrun, qui longtemps après acquit cette seigneurie, faisant faire des réparations au château, voulut que la chambre où Bayard était né, fût conservée par respect pour la mémoire d'un si grand homme.

A peine eut-il atteint l'âge de treize ans, qu'Aimond du Terrail, son père, accablé d'années et de blessures, se sentant près de sa fin, fit venir ses quatre fils devant lui, en présence de leur mère, pour savoir d'eux quel parti ils voulaient embrasser. L'aîné déclara vouloir vivre auprès de ses parents tant que Dieu les conserverait, et ensuite jouir tranquillement de

son bien, Bayard, le second, dit avec une viva-
cité au-dessus de son âge, que, tenant de son
père et d'une longue suite d'aïeux un nom
illustre dans les armes, et de grands exemples
de vertus guerrières, il le priait de trouver bon
qu'il les imitât ; que c'était là son inclination, et
qu'il espérait, avec l'aide de Dieu, ne point
déroger de la gloire de ceux de sa maison,
dont il lui avait souvent entendu citer les hauts
faits. A ce discours, le père ne put retenir ses
larmes, et lui dit : — Mon fils, Dieu t'en fasse
la grâce ; dans peu je la seconderai en te pla-
çant dans quelque maison de prince où tu puis-
ses faire ton apprentissage des armes.

Il lui tint parole dès le lendemain ; et pour
cela il convoqua ses amis.

Après le repas, le vieillard prit la parole en
ces termes : « — Je vous ai invités, Messieurs, à
m'honorer de votre présence, pour vous consulter, comme bons parents et amis, sur le sort
de mes enfants, avant que Dieu dispose de moi,
ce que j'attends tous les jours, vu mon âge et
mes infirmités. Ensuite il leur rendit compte de
ce qui s'était passé entre lui et ses enfants ; et
parlant de Bayard, il dit : Pierre, mon second
fils, m'a causé une joie inexprimable en me
déclarant son goût pour la guerre ; il ressemble

trop à feu mon père pour n'être pas un jour
comme lui un bon et brave gentilhomme, et je
crois que vous en concevez la même espérance
que moi ; je vous prie donc de me conseiller
en quelle maison de prince ou de seigneur je
dois le placer pour qu'il prenne de bonnes
leçons, et qu'il puisse s'avancer, avec le temps,
dans la partie des armes. Chacun dit son
avis : l'un opinait pour le mettre page chez le
roi de France ; un autre dans la maison de
Bourbon ; mais l'évêque de Grenoble parlant
au père, lui dit : — Vous savez que le duc de
Savoie nous honore de son amitié, et nous
regarde comme ses bons serviteurs ; je me
charge de lui présenter mon neveu en qualité
de page : le prince est à Chambéry ; je peux
dès demain y conduire votre fils, et je fais mon
affaire de l'équiper et de lui donner un cheval. Toute la compagnie applaudit, surtout le
père qui, les larmes aux yeux, remit à l'instant
le jeune Bayard entre les mains du prélat, en
lui disant : — Je vous le donne, et prie Dieu
que, quelque part que vous le placiez, il vous
fasse honneur.

Après quoi Bayard, embrassé de tous les
assistants, prit son congé.

La dame du Terrail, voyait de son apparte-

ment tout ce qui se passait, et fondait en larmes ; on alla l'avertir de venir voir son fils pour
la dernière fois. Elle vint, l'embrassa et lui
dit : — Mon fils, vous savez avec quelle tendresse je vous ai élevé, vous n'en devez jamais
perdre le souvenir ; je n'aurai plus occasion de
vous en donner de nouvelles marques ; mais
j'exige, pour toute reconnaissance, que vous
vous souveniez toute votre vie de ce que je
vais vous dire. Je vous recommande trois choses, et si vous les accomplissez, soyez assuré
de vivre honorablement en ce monde, et Dieu
vous bénira. La première, c'est la crainte de
Dieu, le servir et l'aimer, sans jamais l'offen-
ser, s'il vous est possible.

Bayard répondit modestement. Alors la dame
lui donna une bourse où il y avait sept écus
d'or et elle chargea un domestique de l'évêque
de deux autres écus d'or, pour les présenter de
sa part à l'écuyer du duc de Savoie qui serait
chargé du chevalier, avec une petite malle
pleine de linge à son usage. Cela fait, l'oncle et le
neveu partirent, et prirent la route de Chambéry, où ils arrivèrent le même jour. Le prélat attendit le lendemain pour se rendre à la
cour du duc, qui tenait une cour très brillante,
et fut toute sa vie fidèle allié de la France. Le

lendemain donc, l'évêque se rendit de bonne heure chez le duc, duquel il fut reçu avec toutes les démonstrations possibles de bonté et d'amitié; il l'accompagna et l'entretint jusqu'à l'église où ils entendirent la messe. En sortant de l'église, le duc lui tendit la main, et le retint à dîner avec lui. Pendant le repas Bayard servait son oncle de si bonne grâce, que le prince en fut frappé; il demanda à l'évêque qui était cet enfant si sage et si modeste pour son âge. — Monseigneur, répondit le prélat, c'est un jeune gentilhomme, mon neveu, que j'ai amené pour vous le présenter, si ces services vous sont agréables; mais ce ne sera qu'après le dîner de Votre Altesse, et dans un état où il puisse lui plaire. — J'accepte dès à présent, repartit le duc, je l'ai déjà pris en amitié, et je serais bien difficile si je refusais un tel présent de vos mains. Le chevalier, charmé de ce qu'il venait d'entendre, et instruit par son oncle, fit seller et parer son cheval, et vint au petit pas au palais, où le prince, appuyé sur sa fenêtre, le vit entrer dans la cour. Aussitôt il fit appeler celui de ses écuyers en qui il avait le plus de confiance, le chargea du jeune Bayard, et le lui recommanda comme un enfant dont il concevait les plus grandes espérances.

Cependant Bayard installé en qualité de page, acquit en peu de temps l'estime et l'admiration de toute la cour de Savoie : il s'attacha aux devoirs et aux exercices de son état avec tant d'application et de succès, qu'il l'emporta bientôt sur tous ses camarades. Le duc et la duchesse conçurent pour lui, en peu de temps, une amitié vraiment paternelle.

Six mois après il devint page du roi. Après divers tournois où Bayard montra son adresse, le comte de Ligny, à qui le roi l'avait confié, prit Bayard en particulier, et lui dit : — Mon ami, vous avez trop bien commencé le métier des armes pour ne le pas continuer; ce métier veut être exercé; ainsi, quoique je vous ai fait gentilhomme de ma maison avec trois cents livres de gages et trois chevaux entretenus, je vous ai encore mis dans ma compagnie d'ordonnance, et mon avis est que vous alliez joindre vos camarades. Vous trouverez d'aussi braves hommes qu'il y en ait en France, et qui s'exercent journellement aux armes, joutes et tournois; vous ne pouvez être mieux qu'avec eux, en attendant la guerre.

Bayard, qui ne souhaitait rien avec plus d'ardeur, l'en remercia comme de la plus grande grâce qu'il eût reçu de sa vie. — Monseigneur, lui dit-il, vous me prévenez; j'étais dans le dessein de vous demander la permission de me rendre à la compagnie, dont j'ai entendu parler avec éloge, et mon empressement est tel, que, si vous le trouvez bon, je partirai dès demain, et j'espère en valoir mieux toute ma vie. — J'y consens, répondit le comte; mais je veux auparavant vous mener prendre congé du roi après son dîner. Il l'y conduisit en effet au moment que le roi sortait de table: Sire, lui dit le comte, voici votre Piquet, c'est le surnom que Charles lui donnait, qui vient prendre congé de Votre Majesté, il va joindre ses compagnons en Picardie. Bayard se mit à genoux devant le roi avec un air modeste et assuré. Ce prince le regarda gracieusement, et lui adressa quelques paroles d'amitié. Bayard rendit grâce au roi avec respect, et ensuite prit congé des princes et seigneurs.

Le comte le ramena chez lui, et le soir il lui donna des conseils avec la tendresse d'un père, lui recommandant la religion, l'honneur et la vertu. Bellabre, ami et compagnon de Bayard, ne put être du voyage, parce qu'il attendait de beaux chevaux qui lui venaient d'Espagne; mais il lui promit de le rejoindre dans peu.

Bayard marcha à petites journées pour ne

point fatiguer ses équipages; et quand il fut à
trois lieues d'Aire, en Picardie, il envoya un
de ses gens pour lui préparer son logis. Dès
que ses camarades le surent si proches, ils
montèrent à cheval au nombre de cent vingt
gentilshommes, et vinrent à sa rencontre,
croyant ne pouvoir faire trop d'honneur à un
homme chéri du roi et de leur capitaine, et
que depuis longtemps ils désiraient de posséder.

— Messieurs mes compagnons, dit modestement Bayard, je n'ai pas encore eu le temps de
mériter les louanges que vous me donnez, mais
avec l'aide de Dieu, et sur vos traces, j'espère valoir quelque chose un jour.

Pendant les deux années qui s'écoulèrent
depuis l'arrivée de Bayard en Picardie, jusqu'au
départ du roi pour le royaume de Naples, le
chevalier donna fréquemment des tournois :
dans la plupart desquels il demeura vainqueur.
Il s'acquit l'estime et l'amitié de tout le monde.

(1494.) Charles VIII étant résolu de reven-
diquer par la force des armes les droits qu'il
avait sur le royaume de Naples, entra en Italie à la tête d'une armée nombreuse, et la tra-
versa toute entière sans rencontrer d'obstacles;
il se fit couronner empereur de Constantinople
et roi de Naples; ensuite il partit pour soumet-

tre ce royaume, où il laissa pour vice-roi Gilbert, comte de Montpensier, prince du sang. Le comte de Ligny, qui suivit le roi dans ce voyage, s'y fit accompagner par le chevalier Bayard, tant pour avoir auprès de lui un jeune homme si brave et qui lui était si cher, que pour lui donner occasion de se signaler.

Le roi, après sa glorieuse campagne, laissa une bonne partie de son armée pour la garde de ce royaume, et reprit le chemin de la France avec moins de dix mille hommes. Etant proche de Fornoue, il fut inopinément attaqué par une armée de soixante mille hommes. Forcé de combattre avec si peu de forces, et comptant sur la valeur de ses troupes et de ses bons officiers, il remporta une victoire complète, mit dix mille des ennemis sur la place, sans perdre plus de sept cents des siens, et le carnage aurait été plus grand sans la crue subite d'une petite rivière qui empêcha le roi de profiter de son succès. Bayard se trouva dans l'armée du roi avec la compagnie du comte de Ligny; il s'y distingua plus que personne, et eut deux chevaux tués sous lui : il prit une enseigne de cinquante hommes d'armes, et la présenta au roi, qui, déjà instruit de l'ardeur avec laquelle

il s'était comporté, lui accorda une gratification
de cinq cents écus.

Charles, après cette glorieuse journée de Fornoue, s'avança jusqu'à Verceil, où il trouva un
corps considérable de Suisses venus à son
secours : il fit le siége de Novarre, où Ludovic
Sforce, se prétendant duc de Milan, tenait
assiégé Louis, duc d'Orléans, qui fut depuis
le roi Louis XII. La noblesse dauphinoise qui
avait fait tant de merveilles à la dernière
bataille se signala encore devant Novarre.

Le roi, après ces expéditions, repassa en
France. A Amboise il apprit la révolte générale
du royaume de Naples, la rentrée triomphante
de Frédéric, la mort du comte de Montpensier,
et le retour forcé de ses troupes : il résolut de
retourner en personne pour réduire ce royaume,
et partit au mois de septembre 1497, pour
Lyon; mais il mourut bientôt. Louis, duc d'Orléans, son beau-frère, lui succéda comme le
plus proche héritier de la couronne.

(1499.) Dans ce temps-là, le duché de Milan
était encore dans les mains de Ludovic Sforce,
qui en jouissait au préjudice du roi, auquel il
appartenait du chef de son aïeule paternelle,
Valentine Visconti, femme de Louis, duc d'Orléans, son aïeul, frère de Charles VI, mariée

en 1386, à la condition que, faute d'enfants
mâles de la maison de Visconti, le duché res-
terait à elle ou à sa postérité.

Louis conçut donc le dessein de rentrer dans
ses droits, négligé tant à cause des guerres
contre les Anglais que par les divisions des
maisons d'Orléans et de Bourgogne; l'occasion
s'en présentait, et il était en état de chasser
l'usurpateur. Il se rendit à Lyon, le premier
juillet 1499, et envoya son armée par l'Astesan,
sous la conduite de Jean-Jacques Trivulce et du
seigneur d'Aubigny, tous deux grands capitaines. Il commença par s'assurer des Vénitiens,
et leur abandonna Crémone et tout le territoire
compris entre les rivières d'Adda et de Serio,
quoiqu'il ne fût encore le maître ni de l'une ni de
l'autre.

L'armée débuta par le saccagement de deux
petites places, *Nona* et *la Rocca*; de là elle mit
le siége devant Alexandrie, qui fut bien défendue par ceux qui la tenaient pour Ludovic, mais
qui fut enfin prise. Sitôt que la garnison de
Pavie en fut avertie, elle remit la place à l'armée du roi. Ludovic, abandonné de ses
sujets, et ayant déjà perdu une partie de ses
villes, quitta Milan, emporta avec lui tous ses
trésors, et s'enfuit en Allemagne auprès de l'em-

pereur Maximilien Ier, qui le reçut comme un
ancien ami et allié.

Après son départ, la garnison de Milan
imita celle de Pavie, et abandonna la ville à
l'armée française. Le roi en ayant reçu la nouvelle, s'y rendit en diligence, y fit son entrée,
et peu de jours après fut maître de la citadelle
par la lâcheté du gouverneur qui se laissa cor-
rompre. C'était la dernière ressource de Sforce,
qui espérait qu'elle lui servirait un jour à recouvrer les places qui s'étaient soumises à la
France : mais sa reddition entraîna toutes celles
qui lui restaient encore, en sorte que tout le
duché fut aussitôt réduit à l'obéissance du roi,
y compris la seigneurie de Gênes, dont fut fait
gouverneur Philippe de Clèves, seigneur de
Ravestin, proche parent de Louis XII.

Le 14 octobre de la même année, Louis partit de Milan pour retourner dans son royaume,
laissant pour gouverneur de ses conquêtes Trivulce.

Après le départ du roi, les garnisons françaises demeurées dans la Lombardie, sans
ennemis à combattre, passaient le temps dans
les plaisirs, entre autres à se donner des fêtes
et des tournois, selon l'usage de ces temps-là.
Bayard profita de ce loisir pour aller voir ses

amis en Savoie, dans la maison du duc, où il avait été page.

De brillantes fêtes eurent lieu. Bayard s'y signala. Pendant longtemps on ne parla à la cour que de son mérite et de ses rares qualités.

Peu de temps après, Ludovic Sforce, qui s'était retiré en Allemagne, et qui avait emporté beaucoup d'argent, y avait levé une armée. Il rentra en Lombardie le 3 janvier, il surprit la ville de Milan et il en chassa les Français, la citadelle tenant toujours pour le roi. A l'exemple de la capitale, la plupart des villes conquises par Louis se soumirent à Sforce, et particulièrement celles de la route de Gênes, comme Tortone, Voghère et autres places fortes. Quand le roi eut appris cet événement, il y envoya une puissante armée, sous les ordres du comte de Ligny et de Trivulce.

Pendant le peu de temps que Ludovic occupa Milan, depuis qu'il l'eut surprise jusqu'à ce qu'il en fut chassé de nouveau, Bayard était en Italie après le départ du roi, et avec le congé du comte de Ligny. Il ne doutait pas que la fuite de Ludovic auprès de l'empereur ne fût une feinte, et qu'il ne revînt bientôt avec des forces. L'ardeur qu'il avait pour excel-

ler dans le métier des armes le tenait continuellement au guet pour chercher des occasions
de se signaler et de servir son prince. Il était
en garnison alors à vingt milles de Milan, où
il passait le temps avec ses camarades dans
tous les exercices militaires. Il fut informé un
jour qu'il y avait dans Binasco trois cents chevaux qu'il serait facile de défaire ; il en parla à
ses compagnons, qui sortirent de grand matin,
au nombre d'environ cinquante maîtres, pour
tenter l'aventure. De l'autre côté, le capitaine
qui commandait dans Binasco était brave et
alerte : il s'appelait Jean-Bernardin Cazache. Il
sut par ses espions qu'un parti français devait
venir l'attaquer ; si bien que, pour n'être pas
surpris, il vint à leur rencontre, à la portée
d'une carabine, en-deçà de ses barrières. Ce
fut un plaisir pour lui de voir si peu de monde,
comptant par l'avantage du nombre en avoir
bon marché. Dès que les deux troupes s'aper-
çurent, elles fondirent l'une sur l'autre, criant
d'un côté : *France ! France !* et de l'autre :
More ! More ! La charge fut vive, et il en fut
de part et d'autre renversé à terre un grand
nombre qui eurent bien de la peine à se remonter. Mais Bayard semblait un lion furieux ; il
faisait voler des têtes et des bras avec une intré-

pidité sans pareille. Voyant qu'après une heure de combat la victoire n'était pas encore décidée en sa faveur, il s'écria : « Comment, mes compagnons, cette poignée de gens nous tiendra-t-elle ici tout le jour ? »

Ces paroles ranimèrent sa troupe, chacun se sentit une nouvelle ardeur, et criant encore France! France! ils tombèrent sur les ennemis avec une telle impétuosité qu'ils leur firent quitter place et reculer, en faisant cependant toujours bonne contenance. Les Français les suivirent de cette sorte quatre ou cinq milles vers Milan; mais les Lombards, se voyant près de la ville, tournèrent bride, s'y sauvèrent à toutes jambes, et les Français les chassaient toujours. Quand ceux-ci furent presque à la **vue** des murs, un des principaux et des plus expérimentés voyant le danger, s'écria : *Tournez, hommes d'armes, tournez.*

Chacun obéit, excepté Bayard. Il poursuivit les fuyards avec tant d'ardeur, qu'il entra dans Milan avec eux, et les chassa jusque dans le palais du prince. La croix blanche qu'il portait le fit bientôt reconnaître pour un Français, et tout le peuple cria après lui : *Piglia, Piglia.* Il fut environné dans un moment, et fait prisonnier par Cazache, qui l'emmena chez lui et le fit désarmer. Il fut surpris de voir un homme de vingt-quatre ans qui avait donné des marques d'une force et d'une bravoure si extraordinaires.

Ludovic entendant le bruit que cette aventure faisait, en demanda la cause ; on l'instruisit de la déroute du capitaine Cazache, et de ce qu'un français, d'une valeur merveilleuse, quoique très jeune, avait suivi les fuyards jusque sous ses fenêtres. Il fut curieux de le voir, et commanda qu'on le lui amenât. Le capitaine Cazache, qui était brave et généreux, craignant que Ludovic ne se livrât à sa fureur et ne fît un mauvais parti au jeune Français, voulut le conduire lui-même au palais, après l'avoir fait revêtir d'un de ses habits, et mis en état de paraître. Ludovic ne fut pas moins étonné de son air de jeunesse que des louanges qu'il lui avait entendu donner. « Mon gentilhomme, lui dit-il, approchez-vous et dites-moi ce qui vous a amené en cette ville. » Bayard, qui de sa vie ne s'était étonné de rien, lui répondit librement : — En vérité, Monseigneur, je ne pensais pas y être entré seul ; je croyais être suivi de tous mes camarades ; mais ils sont plus sages et plus au fait de la guerre que moi ; sans cela ils seraient prisonniers comme je le suis : cependant je loue le ciel

de ce que je suis tombé en aussi bonnes main
que le capitaine à qui je me suis rendu.

Ludovic lui demanda de combien était l'armée française : — Monseigneur, repartit Bayard,
je vous jure que je ne pense pas qu'il y ait
plus de quatorze ou quinze cents hommes d'armes, et seize à dix mille hommes de pied,
mais ce sont tous gens d'élite, et résolus à
soumettre cette fois et pour toujours le duché
de Milan au roi notre maître; et pour vous,
Monseigneur, je vous assure que vous seriez
aussi bien, et plus en sûreté en Allemagne,
qu'ici, car vos gens ne sont pas capables de
nous résister.

Le duc feignit de prendre plaisir à l'assu-
rance avec laquelle Bayard parlait, mais elle ne
laissa pas que de lui donner à penser. Néanmoins, pour lui montrer que le retour des
Français ne l'étonnait point, il lui dit en rail-
lant : — Je souhaite que l'armée du roi de France
et la mienne se rencontrent pour que le sort
d'une bataille décide entre lui et moi de la pos-
session de ce duché; car je ne vois pas qu'il y
ait autre moyen de nous accorder. Bayard
lui répondit sur le même ton : — Et moi, Monseigneur, je voudrais que ce fût plutôt demain
que dans trois jours, pourvu que je fusse hors

de prison. — Qu'à cela ne tienne, dit le prince, je vous rends libre dès ce moment, et demandez-moi tout ce que vous voudrez, je vous l'accorde.

Le chevalier qui ne s'attendait pas à tant de générosité, mit un genou en terre pour l'en remercier : — Toute la grâce que je vous demande, dit-il, Monseigneur, c'est de me faire rendre mes armes et mon cheval, et de me faire conduire à ma garnison qui est à vingt milles d'ici ; voilà le plus grand bien que vous puissiez me faire ; j'en serai tellement reconnaissant, que, *hors le service du roi mon maître, et mon honneur sauf, je serai toujours à votre commandement.* — Je vous l'accorde, reprit le prince, vous allez être content. Capitaine, ajouta-t-il, en se tournant vers Cazache, faites-lui rendre son cheval, ses armes, et tout ce qui lui appartient. — Rien n'est plus aisé, répondit Cazache, tout est chez moi. En même temps il ordonna à deux ou trois de ses gens d'amener son cheval. Cola fait, Ludovic le fit armer en sa présence, et le chevalier, sans mettre pied à l'étrier, se jeta en selle ; ensuite il se fit donner une lance, et levant sa visière : — Je vous rends grâce de tout mon cœur, dit-il au

prince, du bienfait que je reçois de vous, et
je regrette d'être incapable de le reconnaître.

A peine fut-il au camp, qu'il se rendit chez
le comte de Ligny, son général, qui fut bien
étonné de le voir. — Eh ! comment, lui dit-il,
êtes-vous sorti de prison ? avez-vous payé
votre rançon ? J'étais prêt à envoyer un trompette pour la payer et vous ramener. — Monseigneur, répondit Bayard, je vous en remercie comme je dois; le seigneur Ludovic vous
en a épargné la peine, et a fait aujourd'hui
assaut de générosité avec vous; il m'a renvoyé
sans rançon. Ensuite il lui raconta mot à mot
ce qui lui était arrivé, en présence du seigneur
Trivulce, d'une foule d'officiers que la joie de le
revoir avait amenés. Trivulce lui demanda si,
à juger de la contenance et des discours de
Ludovic, il croyait qu'il risquât la bataille.
— Monseigneur, répondit Bayard, il ne s'est
pas expliqué jusque-là avec moi; mais il ne
m'a pas paru un homme facile à étonner, et
peut-être avant peu vous en saurez des nouvelles. Quant à moi, je ne puis que me louer
de lui; et tout ce que je sais, c'est que la plupart de ses gens sont dans Novare, et qu'il
doit aller les joindre, ou bien leur ordonner de
s'approcher de Milan.

Ludovic s'échappa de nuit pour rejoindre son armée à Novare avec presque tout son monde. Il résolut d'aller l'attaquer. L'attaque réussit dans Novare; il fut fait prisonnier. Les révoltés de Milan et du duché ne surent pas plus tôt le sort de leur prince, qu'ils se soumirent au roi, s'attendant au pillage et au saccagement de leur ville ; mais ils trouvèrent un roi et des généraux plus magnanimes qu'ils ne méritaient, et qui leur firent grâce entière.

Lors de la conquête de Milan, l'année précédente, par Louis en personne, ce prince voulant récompenser ses grands officiers, leur avait donné plusieurs places du duché pour les tenir en fiefs relevant de lui : entre autres au comte de Ligny, Tortone, Voghère et quelques autres places ; elles avaient toutes suivi l'exemple de la capitale, et s'étaient rendues à Ludovic. Le comte en eut un si grand ressentiment qu'il résolut d'aller les châtier ; il mena avec lui le fameux capitaine Louis d'Ars, le chevalier Bayard et plusieurs autres officiers. Quand ses sujets surent son dessein, et qu'il était déjà à Alexandrie, résolu, disait-il, de les mettre à feu et à sang (quoiqu'il n'en eût seulement pas la pensée), ils furent extrêmement alarmés, craignant une destruction qu'ils savaient

avoir méritée. Ils choisirent vingt des plus qua-
lifiés d'entre eux, et les députèrent au-devant
de leur seigneur pour lui crier miséricorde. Ces
députés vinrent à deux milles de Voghère, et
en lui demandant pardon lui offrirent trois
cents marcs de vaisselle d'argent. A la prière
du capitaine d'Ars, il fit grâce. — Allez, leur
dit-il, je vous pardonne à la considération du
capitaine d'Ars, dont je voudrais reconnaître
les vertus par quelque chose de plus considérable; mais gardez-vous d'y contrevenir. Quant
à votre argenterie, vous ne méritez pas que
je l'accepte : remportez-là.

Puis apercevant Bayard, il lui dit : *Prenez
cette vaisselle, je vous la donne.* — Et moi, je
vous en remercie, répondit Bayard : à Dieu ne
plaise que ce qui vient de traîtres et de si mauvais sujets entre chez moi, il me porterait malheur. Cela dit, il prit la vaisselle pièce à
pièce, et la distribua à ceux qui se trouvèrent
là, sans en rien réserver pour lui; ensuite il
sortit de la chambre, et les députés le suivirent. Quand il fut dehors, toute la compagnie
demeura dans l'étonnement d'une action si
noble de la part d'un homme qu'on savait n'ê-
tre pas riche. — Avez-vous vu, dit le comte,
la générosité de Bayard, et son désintéresse-

ment? C'est grand dommage que Dieu ne l'ait pas fait naître roi, il se serait acquis tout l'univers par son grand cœur. Je me promets de le voir un jour un des plus parfaits hommes du monde. Chacun en dit autant, et tous convinrent que c'était lui rendre justice.

Nous avons rapporté le chagrin que le feu roi Charles VIII avait eu en apprenant la révolte des Napolitains, la perte de ce royaume et le retour de ses troupes. Cette perfidie ne serait pas demeurée impunie sans la mort de ce prince. Louis XII, son successeur, commença ses projets par la conquête de son duché de Milan, comme étant son patrimoine; ainsi sa vengeance sur Naples fut suspendue. Déjà Ferdinand, fils d'Alphonse, en faveur de qui s'était faite la révolte, était mort, et Frédéric son oncle, lui avait succédé.

Après la conquête de Naples, les garnisons furent distribuées dans les places, et la compagnie du comte de Ligny eut pour quartier les terres de ce seigneur. Le capitaine d'Ars donna à Bayard le gouvernement de quelques terres, dont il s'acquitta à la satisfaction générale.

Etant en garnison à Monervine, Bayard s'ennuya de l'oisiveté. Il en parla un jour à ses camarades, et leur fit observer que, d'un côté, l'inaction les rendait paresseux, et que, de l'autre, les ennemis en prendraient avantage et s'imagineraient peut-être que les Français les craignaient assez pour n'oser se mettre en campagne ; c'est pourquoi, ajouta-t-il, j'ai dessein de faire demain une course vers Andres ou Barlette ; peut-être rencontrerai-je de leurs coureurs, et je le souhaite, pour nous mesurer ensemble. On applaudit à son projet, et chacun voulut être de la partie. Ceux qui en devaient être se disposèrent dès le soir même, eux et leurs chevaux ; ils sortirent de la garnison au jour, au nombre de trente jeunes gentilshommes résolus de ne pas y rentrer sans avoir vu l'ennemi de près.

Ce jour-là même, et dans le même dessein, un officier espagnol, proche parent du grand capitaine Gonsalve, nommé don Alonzo de Soto-Mayor, brave et expérimenté capitaine, était sorti de la ville d'Andres pour aller chercher les Français, à la tête de quarante ou cinquante gentilshommes d'élite. Il serait difficile de juger lequel eut plus de plaisir de lui ou de Bayard quand ils se découvrirent à la portée d'un canon, et qu'ils virent que leur nombre était à peu près égal. Dès que le chevalier eut reconnu les Espagnols à leurs croix rouges : — Allons, amis, dit-il à sa troupe, voilà ce que nous sommes venus chercher; il y a ici de l'honneur à acquérir. Dès le premier choc il y en eut bon nombre de renversés de part et d'autre, que leurs compagnons eurent bien de la peine à remonter. L'affaire ayant duré environ une demi-heure indécise, et chacun voulant en avoir la gloire, la seconde attaque fut de côté et d'autre plus rude que la première; mais enfin Bayard anima tellement les siens par son exemple et par ses discours, qu'il détermina la victoire, et que les Espagnols furent rompus.

Il en demeura sept sur la place, et autant de prisonniers; le reste prit la fuite, et leur commandant Soto-Mayor comme les autres. Bayard le poursuivit l'épée dans les reins, en lui criant « *Tourne, homme d'armes, tourne,* et ne te laisse pas tuer par derrière. » Soto-Mayor préférant la défense à une mort honteuse, se retourna et fondit sur Bayard. Ils se portèrent dans un instant et sans relâche, cinquante coups d'épée : mais enfin le cheval de Soto-Mayor, rendu de lassitude, succomba, ne pouvant davantage seconder l'ardeur de son maître. Alors Bayard lui cria : « *Rends-toi, homme d'armes, ou tu es mort.* — Au capitaine Bayard, répondit le chevalier. Don Alonzo ne voyant plus d'autre

parti que de se rendre ou de mourir ; et déjà
instruit par la renommée des beaux faits de
son vainqueur, lui remit son épée après avoir
fait tout ce que l'on pouvait attendre d'un brave
officier. Si ses compagnons avaient combattu
comme lui, la victoire aurait coûté cher aux
Français, au lieu qu'ils ne perdirent pas un
homme, et qu'ils en furent quittes pour cinq ou
six blessés et deux chevaux tués. En revanche
ils avaient des prisonniers qu'ils emmenèrent à
leur garnison. Le chevalier, qui dans la route
s'était informé du nom et de la qualité du sien,
lui fit donner une des plus belles chambre du
château, et lui envoya des habits et tout ce qui
pouvait lui être nécessaire.

La rançon de Soto-Mayor ayant été accordée,
entre lui et Bayard, à mille écus, il resta environ quinze jours au château avec les officiers
français, de qui il recevait tous les bons trai-
tements possibles, avec une liberté entière, personne ne le croyant capable de violer sa parole,
ce qu'il fit cependant ; mais Bayard lui pardonna.

Après cet événement il y eut entre les armées
de France et d'Espagne une trève de deux mois.

La trève expirée, Bayard sut par ses espions
qu'il y avait à Naples un trésorier qui changeait
de l'argent en or, pour l'apporter au grand

capitaine Gonsalve, et qu'il ne pouvait manquer
de passer à trois ou quatre milles de sa garnison. A cette nouvelle, il ne dormit plus qu'il
ne sût l'heure et le moment du départ de ce
trésorier, sa route et le lieu de ses séjours.
Enfin il apprit qu'il était au gîte, dans une petite
place occupée par les Espagnols, à quinze
milles de Monervine, et que le lendemain au
point du jour il devait en partir pour se rendre
auprès de Gonsalve, avec une escorte de quatre
cavaliers.

Bayard, résolu de mettre la main sur l'homme
et sur son trésor, partit deux heures avant le
jour, et alla, accompagné seulement de vingt
maîtres, s'embusquer entre deux monticules.
Alors il envoya Tardieu, l'un de ses hommes
d'armes, d'un autre côté, avec vingt-cinq Albanais, afin que si le trésorier échappait à l'un,
l'autre ne le manquât pas. Or, sur les sept heures du matin, les espions du chevalier entendirent le bruit des chevaux et vinrent le lui annon-
cer. Il était tellement caché par ces deux ro-
chers, que l'on aurait pu passer sans le dé-
couvrir, ce qui arriva en effet à l'escorte du
trésorier, qui était dans le milieu avec un homme
à lui chargés tous deux de l'argent en valise.
Dès qu'ils eurent passé l'embuscade, Bayard

fondit sur eux avec ses gens, criant : *France,
France*. Les Espagnols bien étonnés, et croyant
avoir toute une armée à leurs trousses, s'enfuirent à Barlette sans regarder derrière eux. Ils
ne furent suivis que jusqu'à ce que le trésorier
et son caissiér furent atteints, car on n'en voulait qu'à eux, et ils furent conduits à Monervine. En y arrivant, Bayard fit prendre leurs
valises, et voulut compter les beaux ducats
qu'elles contenaient : *No los conteis, Senor*, dit
le trésorier, *hay quince mil ducados*, ce qui fit
plaisir au chevalier, qui peut-être ne croyait pas
avoir fait un si bon coup de filet.

La bravoure de Bayard éclata à la défense
d'un pont. — Allez, dit-il, ami Basco, courez
chercher du secours ; si les Espagnols se rendent
maîtres de notre pont, nous sommes tous perdus.
Courez, vous dis-je, pendant que je vais les
occuper de mon mieux. Tandis que le Basque
exécute cet ordre, Bayard, la lance au poing,
se poste sur l'autre bout du pont, avant que les
Espagnols y arrivent, et comme un lion furieux
porte de si terribles coups, qu'ils renverse
d'abord quatre hommes d'armes. Les Espagnols,
animés par la perte de leurs camarades, atta-
quent Bayard avec fureur et l'environnent. Mais
lui, l'épée à la main, les soutient tous, et s'accu-

lant tout à cheval à la barrière du pont, leur
donne tant d'affaires, qu'ils croyaient avoir un
diable à combattre et non pas un homme, et
que le Basque eut le temps de le dégager. Ce
secours sauva le pont, et il était temps, car
sans doute Bayard eût succombé sous le nombre, ses forces se seraient épuisées, et toute
l'armée était perdue. Les Espagnols quittèrent
d'abord la partie, et les Français les chassèrent
un grand mille; mais un corps de sept à huit
cents chevaux qu'ils virent venir au secours des
fuyards les arrêta, et le chevalier leur dit : — C'est
assez pour un jour d'avoir sauvé notre pont;
retirons-nous en escadron carré, et serrons-
nous. Chacun fut de son avis, et tous reprirent le chemin du camp, Bayard allant toujours
le dernier pour soutenir la retraite, comme il
allait toujours le premier à l'attaque.

Cependant le travail excessif qu'il avait fait
faire à son cheval lui attira une disgrâce; car
comme sa troupe marchait en bon ordre, elle
fut tout à coup chargée par un autre détachement des ennemis; il y eut même quelques-uns
des siens renversés. Bayard sentant que son cheval était outré, l'accula contre un fossé; mais il
fut bientôt environné par vingt ou trente hommes qui lui criaient : *Rende, Senor, rende.* Il se

défendit encore; mais enfin il se rendit en disant : « Il le faut bien, je ne suis pas pour
résister à tous moi seul. » Ses compagnons ne
s'étant pas aperçus de sa chute, allaient regagner
le pont en question, le croyant parmi eux, lorsque l'un d'entre eux, Pierre de Guiffrey, dauphinois, et d'une très grande maison, s'écria
tout à coup : « Eh! mes compagnons, mes amis,
nous avons tout perdu, le brave Bayard nous
manque; il est mort ou prisonnier! je fais vœu
à Dieu d'en avoir des nouvelles, dussé-je y
aller tout seul et y perdre la liberté ou la vie!
Abandonnerons-nous un homme qui a rendu de
si grands services à toute l'armée, et qui nous
a fait à tous acquérir tant de gloire! »

Chacun sentit comme Guiffrey l'importance de
la perte qu'ils avaient faite, et tous ayant re-
sanglé leurs chevaux, se mirent au grand galop
après les Espagnols, qui en effet tenaient Bayard
et l'emmenaient sans l'avoir désarmé, sinon de
sa hache d'armes. Ils lui avaient demandé son
nom, mais il savait trop que s'il s'était nommé
ils l'auraient massacré pour se venger de lui.
C'est pourquoi il se déguisa comme il put, sans
dire autre chose sinon qu'il était gentilhomme.
Sur cela les Français les joignirent, criant :

France ; France ; tournez, Espagnols ; ainsi n'emmènerez-vous pas la fleur de chevalerie.

Les Espagnols, quoique en grand nombre, furent étourdis de cette saillie française ; cependant ils se retournèrent en bonne contenance pour la soutenir ; mais du premier choc plusieurs des leurs furent renversés. Bayard, qui était encore armé, et à qui il ne manquait qu'un cheval capable de le seconder, profita de l'événement ; il fut bientôt à terre, et laissant le sien, il sauta sur un beau coursier qui se trouva là, et dont le maître avait été renversé par l'écuyer le Basque. Quand le chevalier se trouva si bien monté, il redoubla de courage et fit des prodiges de force, en criant, pour insulter les Espagnols : *France ; Bayard, Bayard que vous laissez aller.* Quand ceux-ci l'entendirent se nommer, et qu'ils sentirent les deux fautes qu'ils avaient faites, l'une de ne l'avoir pas désarmé, l'autre de ne pas prendre sa foi, qu'il n'aurait jamais faussée, le cœur leur manqua à tous. Ils se dirent entre eux : Retirons-nous, nous ne ferons rien de bon aujourd'hui après ce que nous venons de perdre. En effet, ils tournèrent le dos au grand galop, et les Français se contentèrent de les regarder courir, tant parce que la nuit approchait, que parce qu'ils s'estimaient trop heureux d'avoir tiré de leurs mains *leur vrai guidon d'honneur*. Ils regagnèrent leur camp, où il fut longtemps parlé d'une journée si extraordinaire par les événements, et en particulier par les exploits de notre chevalier.

Reprenons le fil de l'histoire. Depuis que Gênes était sous la domination des Français, deux puissantes factions s'y disputaient l'autorité : le peuple et la noblesse. La populace, prévalant contre les nobles, les chassa tous de la ville, et ensuite élut pour doge un nommé Paul de Novi, teinturier de profession. Il y avait huit ans qu'ils étaient soumis au roi ; cependant ils égorgèrent la garnison du château, contre la capitulation, par laquelle il était dit qu'elle sortirait librement.

Le roi résolut de passer les monts en personne, avec toute la diligence et les forces que la circonstance demandait.

Bayard était alors à Lyon, très incommodé, tant de la fièvre quarte qui l'a fait souffrir plus de sept ans, que des suites d'une blessure qu'il avait autrefois reçue, et qui avait pensé lui coûter le bras gauche ; c'était un coup de piquet dont la plaie avait dégénéré en ulcère, dont cependant il eut le bonheur de guérir avec le temps.

Malgré son indisposition, il se serait cru dés-
honoré s'il n'avait suivi le roi dans cette expédition. Dans deux jours ses équipages furent
prêts, et sans considérer à quoi il s'exposait,
il se mit en marche, et fut encore des premiers
dans les gorges des Alpes. L'armée fit une telle
dilligence qu'elle se trouva tout proche de
Gênes, pendant que les habitants la croyaient
encore au-delà les monts.

Néanmoins les Génois se préparèrent à faire
une belle défense, et les Français furent bien
étonnés de trouver au haut de la dernière montagne par où il leur fallait passer pour arriver
à la ville un fort nouvellement construit, avec
une bonne garnison et beaucoup d'artillerie.
Sur cela le roi tint conseil de guerre pour savoir ce qu'il y avait à faire. Les avis furent
partagés. Le roi regarda Bayard et lui demanda
ce qu'il pensait. — En vérité, sire, répondit-il, je
serais bien embarrassé d'en juger ; mais il n'y
a qu'à aller voir ce qu'ils font là-haut ; et si
Votre Majesté veut m'en charger, avant qu'il
soit une heure je lui en rendrai bon compte, si
je ne suis pas pris ou tué. — Je vous en prie,
lui dit le roi, je ne puis en remettre la commission en meilleures mains. Bayard partit
aussitôt avec cent ou cent vingt de ses amis. Il

leur donna l'exemple d'escalader la montagne
avec les pieds et les mains. Quand ils furent
en haut, la fatigue les força de s'arrêter pour
prendre haleine. Ensuite ils marchèrent au bastion, dont ils trouvèrent les avenues garnies de
fortes avant-gardes qui leur donnèrent beaucoup
d'affaires. Cependant les Génois plièrent et s'enfuirent. Les Français voulaient les poursuivre,
mais Bayard les arrêta en criant : — Ne les sui-
vons pas, camarades, allons droit au fort; il y
a peut-être dedans des gens qui nous mettraient
entre deux feux; voyons ce qu'il en est. L'avis
était trop sage pour n'être pas suivi, et l'événement le justifia. Il s'y trouva trois cents hommes, qui firent d'abord bonne contenance et se
défendirent assez bien, mais qui enfin prirent
la fuite, descendirent la montagne précipitamment
pour gagner la ville, laissant beaucoup des
leurs sur la place. Ainsi le fort demeura à
Bayard, et sa prise effraya tellement les Génois,
que le courage leur manqua d'abord, et qu'ils
se soumirent à la clémence du roi. Louis les
obligea de prêter serment, et ordonna qu'à
l'avenir la monnaie serait marquée à ses armes
avec celles de la ville; après quoi il leur donna
amnistie du passé.

(1508.) L'année suivante, l'empereur Maxi-

milien entra en armes sur les terres des Vénitiens, alliés de Louis, à qui ils demandèrent du
secours. Louis le leur accorda, et donna ordre
à Trivulce de leur mener promptement six mille
hommes de pied et six cents chevaux. Les Vénitiens eurent recours à la négociation, et sachant
que la plus grande faiblesse de l'empereur était
une grande disette d'argent, ils traitèrent secrètement avec lui, et moyennant une bonne somme
qu'il reçut d'eux il se retira avec son armée.
Trivulce, à l'insu duquel le traité fut fait, en
fut blessé, et dit que le roi son maître ne serait
pas content d'un pareil procédé. Quoique la
chose restât quelque temps dans le silence, le
roi en tira en effet vengeance peu après.

L'orgueil de cette république était alors monté
à un excès qui méritait d'être réprimé. Elle
s'égalait aux têtes couronnées, et semblait même
les braver. Louis XII, par le ministère du cardinal d'Amboise, et Maximilien, par celui de
Marguerite d'Autriche, gouvernante des Pays-
Bas, formèrent, à Cambrai, une ligue où entrèrent le pape et le roi d'Espagne, pour mettre
la dernière main à un traité qui établit pour une
bonne fois les intérêts et les droits des uns et
des autres. Il fut fait entre ces quatre princes
un traité d'alliance offensive et défensive pour

renverser sans ressource la république de
Venise. Il était dit que Louis passerait les monts
en personne immédiatement après Pâques de
l'année suivante, et se trouverait sur les terres
de Venise quarante jours avant qu'aucun des
autres se mît en campagne. Louis eut tout le
succès et l'honneur de l'affaire; mais ses alliés
partagèrent avec lui le profit. Cet événement
mérite d'autant mieux sa place ici, que le chevalier y eut grande part.

Dès la fin de l'année, c'est-à-dire au mois de
mars 1508, le roi fit passer dans le duché de
Milan sa gendarmerie et sa cavalerie légère. Il
manda notre chevalier, et lui dit : — Bayard,
vous savez que je vais repasser les monts pour
avoir raison des Vénitiens et reprendre quelques places qui m'appartiennent et qu'ils occu-
pent sans aucun droit, comme Crémone, Ghièra
d'Adda, et quelques autres. On m'a annoncé la
mort du capitaine Châtelart, que je regrette
beaucoup; je vous donne sa compagnie, mais
je vous en donne encore une de gens de pied,
que je veux que vous commandiez; votre lieu-
tenant, le capitaine Pierrepont en qui j'ai toute
ma confiance, commandera vos hommes d'armes. — Sire, répondit Bayard, je n'ai qu'à
obéir; mais combien Votre Majesté veut-elle

donner de gens de pied ? — Mille hommes, dit
le roi, personne n'en a davantage. A cela
Bayard répliqua : — Je vous en supplie, sire,
que je n'en commande que cinq cents ; un plus
grand nombre serait au-dessus de mes forces ;
mais je vous promets de les choisir si bien qu'ils
vous rendront bon service ; je crois la charge
assez forte quand un capitaine veut faire son devoir. Le roi y consentit, et lui dit de se rendre promptement en Dauphiné pour être à la
fin de mars à Milan. Tous les autres capitaines
eurent le même ordre, et s'y trouvèrent rassem-
blés au commencement d'avril.

(1509.) L'armée du roi n'était au plus que de
trente mille hommes, y compris six mille Suisses
et deux mille chevaux. Déjà les Vénitiens avaient
reçu la déclaration de guerre par le héraut
d'armes Mont-Joye–Saint-Denis ; et sachant
l'état des troupes françaises, ils levèrent une
belle armée de trente mille hommes de pied, et
de deux mille chevaux.

Le roi arrivé à Milan, apprit qu'une petite
place sur l'Adda, nommée Trévi, prise dès l'arrivée de ses troupes par le grand-maître de
Chaumont, avait été reprise par les Vénitiens,
et qu'après l'avoir brûlée pour la punir de s'être
rendue à eux, ils avaient fait prisonnier de

guerre le capitaine Fontrailles qui commandait, avec sa garnison composée de gendarmes, et les officiers qui s'y trouvèrent. Le roi, irrité de cette barbarie, marcha droit à Cassano, et fit construire deux ponts sur l'Adda; la cavalerie défila par l'un et l'infanterie par l'autre, et lui-même, armé de toutes pièces, les vit passer. Dès le lendemain il surprit une petite ville nommée Rivalta, et la fit saccager. A deux jours de là (le 14 de mai), les armées française et vénitienne se rencontrèrent près d'un village nommé Agnadel, qui touchait à un autre qui se nommait Pandin. La victoire fut complète pour les Français, à qui elle coûta très peu, au lieu que, du côté des ennemis, le nombre des morts passa quinze mille.

Ce qui resta de l'armée vénitienne s'enfuit jusqu'au Trévisant et au Frioul sans s'arrêter, croyant avoir toujours les Français à sa suite, ce qui n'était pas. L'empereur n'eut pas lieu d'être satisfait.

Cependant ce prince avait promis au roi de se rendre à Peschiera pour conférer avec lui. Il était convenu entre eux qu'il viendrait sur un bâtiment par le lac qui mouille cette place d'un côté, et qu'il aurait telle escorte que bon lui semblerait. Mais il ne vint pas. Peu après le roi s'en retourna à Milan, au commencement de juillet.

Dans ces circonstances, la ville de Padoue, qui venait d'être rendue à l'empereur, retomba par sa faute dans les mains des Vénitiens.

Quand l'empereur apprit la révolte de Padoue et le massacre de sa garnison, il entra dans une fureur difficile à exprimer; il jura de s'en venger et d'aller en personne la punir. Louis ne fut pas moins sensible à cet événement, dont il accusait la négligence de l'empereur et la faiblesse d'une garnison de huit cents hommes dans une si grande place. Cependant Maximilien lui demanda cinq cents hommes d'armes pendant trois mois pour réduire les Vénitiens et chargea le brave Chabannes de choisir ce nombre parmi les plus vaillants, gens sur qui il pût compter, et de les mener à l'empereur. Chabannes, qui ne respirait que la guerre et n'en souhaitait que les occasions, fut bientôt prêt à partir. Comme il sortait des portes du château de Milan, il rencontra Bayard à qui il dit : *Mon compagnon, mon ami; voulez-vous que nous soyons de compagnie?* Bayard accepta la partie, se joignit à la troupe. Chabannes marcha droit à Peschiera, et le roi prit la

route de son royaume, laissant en toute sûreté
son duché de Milan et les places conquises.

Dès que les Vénitiens se furent emparés de
Padoue, ils se présentèrent devant Vicence, qui
n'étant pas une place fortifiée, se rendit d'abord. De là ils voulurent aller de même s'emparer de Vérone, et, s'il l'eussent prise, le
secours des Français aurait été inutile, parce
que la place est bonne, et qu'elle est traversée
par une rivière fort rapide (1). Chabannes en
ayant eu avis, partit deux heures avant le jour;
il fut le premier aux portes de Vérone, et s'en
rendit maître; autrement il ne l'aurait pu avoir
qu'avec de grosse artillerie. Les Vénitiens, prévenus et effrayés, retournèrent promptement
d'où ils venaient. A cette expédition Bayard
conduisit les avant-coureurs, au nombre seulement de trente hommes d'armes; mais c'étaient
tous gens capables et dignes de commander
chacun une compagnie de cent hommes.

Ce fut à la tête de cette brillante troupe que
Chabannes entra dans Vérone, où il fut reçu
avec de grandes démonstrations de joie. Après
quoi la troupe prit le chemin de Vicence, où
elle n'eut pas grande peine à entrer, les gens

(1) L'Adige; cette rivière n'est d'une grande rapidité que dans
le temps de la fonte des neiges.

de la seigneurie ayant pris la fuite dès qu'ils surent la marche des Français. On demeura cinq ou six jours dans Vicence à attendre des nouvelles de l'empereur, qui, disait-on, était déjà en campagne. Cependant il n'arriva qu'au commencement d'août au camp près de la ville d'Este. Il fit grand accueil à Chabannes et à tous les seigneurs et officiers français.

S'il s'était fait attendre longtemps, sa présence et ses forces réparèrent bientôt le temps perdu; l'on estimait que, y compris les Français, l'armée était de cent mille combattants.

Le premier campement de l'empereur fut à huit milles de Padoue, proche le palais de la reine de Chypre.

Le lendemain matin l'armée délogea, et vint à demi-mille de Montselles, qui se rendit d'abord, n'étant d'aucune défense. Mais le château, qui était bon et capable de tenir fort longtemps, inquiétait les généraux; cependant, par la lâcheté de ceux qui étaient dedans, on en fut bientôt maître. On commença à le battre, et à peine y eut-on fait une fort petite brèche, que l'on sonna l'alarme pour aller à l'assaut.

L'empereur marcha droit à Padoue, et s'en approcha à la distance d'un mille. Ce n'était pas une petite entreprise que de l'avoir par un siège :

la place était bien fortifiée, et outre cela défendue par le comte de Pétiliane, qui avait avec lui mille hommes d'armes, douze mille de pied, et deux cents pièces de canon.

L'empereur, campé à un mille des murs, tint conseil de guerre pour délibérer de quel côté il formerait le siége, et y appela ceux d'entre les Français qu'il honorait de son estime et de sa confiance.

Bayard, à qui l'on réservait toujours les bonnes occasions, ou plutôt les plus périlleuses, fut chargé de faire les premières approches. Or, il y avait un grand chemin tiré au cordeau, allant droit à la porte de Vicence, sur lequel, de deux cents en deux cents pas, on avait construit quatre fortes barrières, garnies d'hommes et d'armes à feu, et de chaque côté ce grand chemin était bordé de fossés larges et profonds, suivant l'usage d'Italie; en sorte qu'on ne pouvait les attaquer que par devant. Les murailles de la ville étaient garnies d'une nombreuse artillerie qui dominait ce chemin, et qui, par-dessus les barrières et sans incommoder ceux qui les gardaient, tirait sur les Français. Cependant Bayard et ses compagnons attaquèrent la première barrière, qui fut vivement défendue;

à travers les arquebusades ils la forcèrent et chassèrent les ennemis jusqu'à la seconde.

Après une demi-heure de combat, celle-ci fut forcée et prise, et les ennemis si vivement chassés et poursuivis de si près, qu'ils n'eurent pas le temps de se loger à la troisième, et même ils furent heureux de gagner la quatrième. Cette dernière était à un jet de pierre des remparts de la ville, et gardée par mille ou douze cents hommes, avec trois ou quatre fauconneaux, qui faisaient un feu terrible sur le grand chemin, mais qui ne firent (chose incroyable) que tuer deux chevaux. Les fuyards, réunis à cette barrière avec ceux qui la gardaient, reprirent courage à l'abri des murs de cette place. L'attaque ayant duré une heure au milieu des coups de piques et d'arquebuses, Bayard s'ennuya d'une si longue résistance, et cria aux siens : « Compagnons, ceci dure trop, mettons pied à terre, et forçons la barrière. » Ce qu'ils firent au nombre de trente ou quarante ; et la visière levée et la lance basse, ils donnèrent dans la garde vénitienne.

Cependant Bayard voyant que les ennemis se relevaient d'un moment à l'autre, et qu'il avait continuellement affaire à des gens frais, s'écria

une seconde fois : « Compagnons, ils nous
tiendront ici tant qu'ils voudront; donnons
leur l'assaut, que chacun fasse comme moi;
et sonne, trompette. » Ce qui fut fait avec une
force et une fureur de lion de sa part. Ses compagnons le secondèrent si bien, que les ennemis reculèrent de la longueur d'une pique.
Alors Bayard, sans balancer, franchit la barrière en criant encore : « Amis, ils sont à nous,
avançons. » Les mêmes qui avaient mis pied à
terre sautèrent après lui et trouvèrent à qui
parler. Ceux qui étaient restés à cheval voyant
le danger de leurs camarades, les imitèrent en
criant : *France, France; Empire, Empire.*
Alors la charge redoubla, et fut telle que les
ennemis quittèrent la place et s'enfuirent en
désordre dans la ville. Ainsi les quatre barrières furent emportées en plein midi, à la grande
gloire des Français, et surtout de notre héros,
à qui tous unanimement en donnèrent l'honneur.

Dès le lendemain de la prise des barrières,
l'artillerie commença à jouer et à faire un feu
continuel, si terrible, qu'il fut tiré des trois
camps, en huit jours, plus de vingt mille coups
de canon, que la ville leur rendit avec usure.
Il fut fait trois brèches, dont bientôt on en fit
qu'une, qui était de quatre à cinq cents pas, et

par conséquent plus que suffisante pour donner l'assaut.

Mais avant de raconter ce qui en arriva, il est à propos de mettre ici deux aventures de notre chevalier.

Pendant le siége de Padoue, les assiégés incommodaient fréquemment le camp de l'Empereur par leurs sorties. La garnison de Trévise, autre bonne place, à vingt ou vingt-cinq milles de là, en faisait autant ; elle était commandée par Luc Malvèze, excellent capitaine, et par d'autres officiers. Ce commandant ne manquait pas, deux ou trois fois la semaine, de venir donner alerte au camp impérial ; et quand l'occasion se trouvait bonnne, il en profitait, si ; au contraire, il trouvait de la résistance, il se retirait. Il fit longtemps cette manœuvre, mais si sagement, qu'il ne perdit jamais un seul des siens, en sorte qu'il s'y était rendu redoutable. Bayard en parla à deux de ses amis avec qui il logeait, la Cropte-Daillon et la Clayette. « Ce capitaine Malvèze, leur dit-il, nous donne souvent le réveille-matin, et fait trop parler de lui ; j'ai regret qu'il ne nous connaisse pas pour ce que nous sommes : si voulez me seconder, nous irons demain au-devant de lui, et comme voilà deux jours qu'il n'a paru, j'espère que nous le rencontrerons. »

Bayard avait des espions qu'il payait si bien, qu'au péril de la vie ils ne l'auraient pas trahi : l'un d'eux l'avait instruit de la route et des forces de Malvèze. Ayant fait son plan sur cela, et ses deux amis ayant accepté la partie, il leur dit de faire armer à deux heures après minuit chacun trente hommes d'armes les plus hardis. « Et moi, ajouta-t-il, je mènerai ma compagnie, avec quelques-uns de nos bons compagnons, et nous monterons à cheval sans bruit et sans trompettes : fiez-vous à moi, j'ai un guide sur qui je compte. » La chose s'exécuta de point en point : à deux heures du matin, au mois de septembre, tout le monde fut à cheval, et l'espion marchait devant, escorté de quatre soldats : quand le point du jour parut, ils se trouvèrent proche d'une belle et grande maison de plaisance, qui avait un grand jardin et un parc entouré de murs. L'espion la montra à Bayard, et l'assura que si le capitaine Malvèze devait ce jour-là venir donner l'alarme au camp, il passerait nécessairement par là ; que ce château étant abandonné à cause de la guerre, il était aisé que la troupe s'y embusquât ; qu'on le verrait passer, et qu'il ne les verrait pas.

Bayard. 4

L'avis fut trouvé bon, on entra dans ce château, et l'on fut près de deux heures sans voir aucun mouvement. Enfin ils entendirent un grand bruit de chevaux, et c'était justement ce qu'ils étaient venus chercher.

Bayard avait avec lui un vieux soldat nommé Monart, homme de confiance, et consommé dans le métier de la guerre. Il l'avait mis en sentinelle dans le colombier de la maison pour examiner ce qui passerait, et juger du nombre. Ce soldat vit de loin et reconnut le seigneur Malvèze avec sa troupe, qu'il jugea être de cent hommes d'armes, l'armet en tête, et environ deux cents Albanais, commandés par le capitaine Scanderbeg. Ils paraissaient tous bien montés, et gens à faire un coup de main. Cette troupe ayant passé l'embuscade française d'un trait d'arc, la sentinelle descendit et fit son rapport, dont tout le monde fut content. Alors Bayard ordonna de resangler les chevaux, ce que chacun fit soi-même, parce qu'il n'avait pas voulu qu'on amenât des valets. Ensuite il dit à sa troupe : — Amis, il y a dix ans qu'il ne s'est présenté si bonne aventure, si chacun de nous fait son devoir. Le nombre ne doit pas nous étonner, ils sont deux contre un, mais c'est peu de chose que cela, et marchons.

Tous ayant répondu : *Allons, marchons,* la
porte fut ouverte, et l'on se mit au grand trot
sur les traces des ennemis. Après avoir marché
un mille, ils les découvrirent sur le grand chemin, et Bayard ordonna au trompette de sonner. Les Vénitiens, bien étonnés d'entendre la
trompette, crurent que c'étaient des leurs qui
venaient se joindre à eux; ils s'arrêtèrent pour
le savoir, et furent bientôt détrompés. A leur
surprise se joignit la frayeur de se voir enfer-
més entre la troupe qui venait à eux et le camp
de l'empereur, et de n'avoir aucune issue pour
s'échapper ; mais ils se rassuraient sur le peu
de gens qu'ils voyaient.

Le capitaine Malvèze encourageait les siens,
les exhortait à bien faire, en leur remontrant
qu'il fallait vaincre ou périr, et qu'il ne leur restait aucun moyen de fuir, le chemin étant
bordé de fossés si larges et si profonds, que
jamais cavalier ne se hasarderait à les franchir ;
ensuite il fit sonner la trompette, et celle des
Français y répondit. Quand ils furent à un trait
d'arc les uns des autres, ils commencèrent à se
charger, criant d'une part : *France, France;
Empire, Empire;* et de l'autre : *Marco, Marco.*
Cette première charge fut vive, et des deux
côtés il fut très bien combattu. Les Albanais

laissèrent leur gendarmerie aux prises avec les Français, et pensant les surprendre par derrière, ils s'écartèrent du grand chemin. Bayard s'en aperçut, et dit à La Cropte-Daillon : « Ayez l'œil sur eux pour qu'ils ne nous enferment pas, je me charge de ceux qui sont devant nous. » La Cropte le fit, et quand les Albanais crurent tomber sur les Français, ils furent si bien reçus qu'il en resta une douzaine des leurs par terre, et que les autres prirent la fuite à toutes jambes. La Cropte ne les poursuivit pas, il revint au gros de l'affaire, mais l'action était finie et les Vénitiens entièrement rompus. Le capitaine Malvèze, avec vingt ou trente des mieux montés, franchit le fossé, et ils s'en retournèrent d'où ils étaient venus. On ne se mit pas à leur poursuite, les chevaux allaient trop bien, et eux-mêmes avaient bon courage à les éperonner.

Les Français reprirent la route de leur camp avec plus de prisonniers qu'ils n'étaient d'hommes pour les conduire ; car ils en avaient au moins cent soixante-dix, qu'ils désarmèrent de leurs épées et de leurs masses ; ils les firent marcher au milieu d'eux, et dans cet état ils rejoignirent le camp. Dans ce moment-là l'empereur se promenait avec sa cour : il aperçut au loin un gros nuage de poussière, et envoya, pour savoir ce que c'était, un gentilhomme français, officier à son service, nommé Louis du Peschin. Cet officier lui rendit compte de l'affaire, et lui dit que c'étaient les capitaines Bayard, la Cropte et la Clayette qui venaient de faire le plus beau coup de main qui eût été fait depuis cent ans, et qui avaient plus de prisonniers qu'ils n'avaient mené de monde avec eux. L'empereur ne put contenir la joie qu'il en ressentit; s'avança au-devant de la troupe, à laquelle il en fit des compliments en général; il félicita chaque capitaine en particulier sur le succès d'une si belle journée. Puis il s'adressa à Bayard, et lui dit : — Chevalier, le roi mon frère et votre maître est bien heureux d'avoir un homme comme vous à son service; je voudrais avoir une douzaine de vos pareils, au prix de cent mille florins par an.

Peu de jour après cette course, Bayard apprit par ses espions que le capitaine Scanderbeg, avec ses Albanais et quelque autres gens de cheval, s'étaient retirés dans le château de Bassano, que de là ils faisaient tous les jours des courses sur ceux qui venaient au camp, et sur les gens de pied qui s'en retournaient en Allemagne avec leur butin et les bestiaux qu'ils

avaient pris sur les ennemis; que même, depuis
quelques jours, ils en avaient défait plus de deux
cents, et repris sur eux quatre ou cinq cents
bœufs ou vaches qu'ils avaient avec eux dans
ce château. En sorte, ajoutait l'espion, que, si
vous voulez que je vous mène à un défilé qui
est au pied d'une montagne, ils vous tomberont
entre les mains. Bayard, qui avait toujours
trouvé cet homme véridique, et qui toujours
aussi l'avait bien payé, résolut de le suivre sans
en faire part à personne. Il comptait bien qu'avec
ses trente hommes d'armes, sa compagnie
d'archers, et huit ou dix gentilshommes qui lui
étaient attachés, et qui servaient comme volon-
taires, et seulement pour apprendre l'art militaire
sous lui, il déferait aisément deux cents chevaux-
légers Albanais. Ils avaient pour chef Renault
Contarini, padouan et noble vénitien.

Il conta donc son projet à ses amis et à sa
troupe, qui tous en furent ravis. Leur disposi-
tion faite, ils entendirent le bruit de la troupe
Albanaise qui descendait du château comme s'ils
allaient à une noce, comptant faire quelque
bonne capture, selon leur coutume; mais il y
eut à décompter.

On les laissa passer le pont, et tout de suite
Bonnet alla avec ses gens s'en saisir, pendant

que Bayard et sa troupe suivaient l'espion dans
le défilé de la montagne. Ils furent si bien conduits, qu'en moins de demi-heure ils se trouvèrent dans une plaine où l'on aurait reconnu
un cavalier de six mille pas. Alors ils virent, à
une grande portée de canon, leurs ennemis qui
prenaient le chemin de Vicence, où ils comp-
taient faire leur coup. Bayard ordonna à son
guidon de prendre vingt hommes et d'aller
escarmoucher, d'engager l'action, et de fuir
comme effrayé du grand nombre. « Amenez-
les par ici, dit-il ; je vous attends au pied de
la montagne, et vous verrez beau jeu. » Les ennemis se précipitèrent d'eux-mêmes dans l'embuscade de Bayard, qui les y attendait de pied
ferme, l'armet en tête et l'épée au poing. A
l'instant il parut avec ses gens, qui, comme
autant de lions, fondirent sur la troupe ennemie, et du premier choc mirent plus de trente
hommes par terre. Les Albanais et les arbalé-
triers soutinrent quelque temps ; mais enfin ils
furent obligés de plier et de se sauver au grand
galop du côté du pont par où ils avaient passé
il n'y avait qu'une heure, pour de là gagner
Bassano. Le plus grand nombre s'échappa à
travers champs jusqu'à Trévise.

Notre chevalier, non content de la belle expédition qu'il venait de faire, voulut encore se rendre maître du château de Bassano, et il y réussit.

Après la levée du siége de Padoue, la séparation des armées se fit à Vicence ; les Allemands prirent la route de leur pays, excepté une garnison qui resta dans la ville, commandée par le seigneur du Reu. L'armée française se retira dans le Milanais vers la Toussaint, et Bayard resta en garnison à Vérone, où il se signala par de nouveaux exploits contre les Vénitiens, qui tenaient alors une petite place voisine nommée Lignago, d'où ils faisaient des courses dans le pays.

Pendant son séjour à Vérone, où il avait seulement trois ou quatre cents hommes d'armes français au service de l'empereur, ceux qui gardaient Vicence pour ce prince ne s'y crurent pas en sûreté : outre qu'elle était faible d'elle-même, elle était encore menacée de siége ; c'est pourquoi ils se retirèrent auprès du chevalier à Vérone, où ne trouvant encore qu'une médiocre garnison, ils passèrent outre, et se campèrent à quinze ou dix-huit milles plus loin, dans un village nommé Saint-Boniface.

Les Vénitiens avaient un capitaine hardi et entreprenant, qui tous les jours fatiguait les

Français et faisait des courses jusqu'aux portes de Vérone. Bayard résolut d'aller à sa rencontre et de modérer son ardeur. Pour cela il voulut être lui-même de l'escorte au premier fourrage, et voir de près ce Vénitien, nommé Jean-Paul Manfron. Manfron averti par son espion de la sortie de Bayard et du nombre de ses gens, avait caché dans un palais abandonné cinq ou six cents hommes, tant piquiers qu'arquebusiers, et les avait instruits de ce qu'ils avaient à faire; surtout il leur avait ordonné de ne sortir que quand ils le verraient fuir, et les Français après lui. Il ne pouvait mieux dresser son projet pour les envelopper, que de les mettre ainsi entre deux feux.

Dès que Bayard eut appris par ses coureurs l'arrivée de la troupe ennemie, il fit monter la sienne à cheval, sans s'effrayer de la disproportion. Le cheval de Bayard fut tué à la première décharge; et il tomba si malheureusement, qu'il se trouva une jambe prise dessous. Aussitôt ses hommes d'armes, qui se seraient fait tuer pour lui sauver la vie, l'environnèrent, et l'un d'eux, nommé Grandmont, mit pied à terre et le dégagea. Mais quelque belle défense qu'ils fissent, ils ne purent empêcher Bayard et Grandmont d'être faits prisonniers des gens de pied qui voulurent leur ôter leurs armes. Pierrepont, qui était avec les fourrageurs, entendant le bruit, se mit au grand galop, et arriva comme les deux prisonniers étaient déjà hors des rangs pour être emmenés. A cette vue la fureur le saisit, il fondit comme un lion sur ceux qui les tenaient, et à grands coups d'épée les obligea de lâcher leur proie et de fuir vers leur troupe qui était aux prises avec les Français, où de part et d'autre on se battait bien.

Cependant l'inégalité était trop grande, les Vénitiens étaient presque dix contre un, sans compter l'incommodité que les arquebuses causaient aux Français. Bayard en sentit le danger, et dit à son neveu Pierrepont : — Capitaine, si nous ne gagnons le grand chemin, nous périrons ici, et si nous pouvons y parvenir, nous échapperons en dépit d'eux, et, Dieu aidant, sans perte. — Je le pense comme vous, lui répondit Pierrepont. Et ils commencèrent à se retirer vers le grand chemin, où ils parvinrent enfin, toujours combattant, mais non pas sans peine. Bayard fit admirablement cette retraite.

Quand il eut terminé la double expédition que l'on vient de voir, aussi glorieusement, il ne crut pas devoir s'exposer à en perdre le fruit par quelque échec; c'est pourquoi il s'en retourna à Vérone, où il fut reçu comme en triomphe.

Un piége avait été tendu à Bayard par Manfron : celui-ci le déjoua ; il gagna la bataille d'Isola.

De Sainte-Croix les armées se rapprochèrent de Montselles, que les Vénitiens avaient reprise : ils l'avaient fortifiée et y avaient mis une garnison de mille ou douze cents hommes.

Montselles fut assiégée et canonnée pendant quatre ou cinq jours. Elle était si bien fortifiée qu'elle n'eût jamais été prise sans les sorties indiscrètes et trop fréquentes de la garnison. Elle succomba cependant. Les assiégés se retirèrent dans une grosse tour ; et comme ils ne voulaient pas encore se rendre, on mit le feu au pied, et la plus grande partie se laissa brûler plutôt que de se rendre prisonniers ; d'autres sautaient par les fenêtres ou créneaux, et on les recevait sur la pointe des piques ; enfin presque tous y périrent.

Cependant des démêlés s'élevèrent entre Jules II et le duc de Ferrare. Le roi prêta secours à ce dernier : ce fut Bayard qui soutint plus particulièrement le siége de la Mirandole, place fort importante, qui néanmoins se vit obligée de se rendre au duc d'Urbin, neveu du pontife.

La nouvelle de cette prise chagrina infiniment le duc de Ferrare et tous les généraux français. Ce prince ne doutant point qu'il ne fût incessamment assiégé dans sa capitale, rompit le pont et s'y renferma avec toutes ses troupes, résolu de s'y défendre jusqu'à la dernière extrémité. En effet, Jules ne fut pas plutôt tranquille dans la Mirandole, qu'il fit assembler un conseil de guerre où assistèrent le duc d'Urbin et tous les capitaines de l'armée, tant de cavalerie que d'infanterie, à qui il déclara qu'il voulait, sans perdre un moment, aller mettre le siége devant Ferrare. Mais on décida qu'il fallait d'abord prendre la ville nommée la Bastide. De part et d'autre on se dirigea sur ce point : la défaite des ennemis fut si complète qu'à peine en échappa-t-il quelques-uns. Il resta sur la place près de cinq mille hommes de pied, et plus de soixante hommes d'armes ; tout le bagage, toute l'artillerie, et plus de trois cents chevaux demeurèrent aux vainqueurs, avec tant de butin qu'ils en étaient embarrassés.

Bayard eut une grande part à cette victoire qui fut le salut du duc de Ferrare et des Français. Ils s'en retournèrent tous à Ferrare, glorieux et triomphants, et y furent reçus aux cris et aux acclamations du peuple.

Nous ne pouvons nous refuser d'interrompre un moment notre narration, pour rendre quelques hommages aux rares talents de notre chevalier. Quelle tranquillité d'âme à la nouvelle du siége de la Bastide! quel sang-froid à y chercher du remède! quelle promptitude à le trouver! quelle sagacité à le développer! enfin quelle sagesse et quelle conduite dans l'exécution. Mais peut-on assez le louer dans une partie essentielle pour un général, nous voulons dire l'étude et la connaissance du pays où l'on fait la guerre?

(1512.) L'année suivante, Trivulce qui était devenu maréchal de France, et qui commandait l'armée française en Lombardie, reprit la Mirandole; ensuite il chassa l'ennemi jusqu'à Bologne, où il le détruisit entièrement. Cette victoire eut ceci de particulier, qu'il n'y eut point de sang répandu; tout fut pris, hommes, artillerie, tentes et bagages; il y eut tel français qui fit seul cinq ou six prisonniers. Bayard acquit tant de gloire à cette extraordinaire journée, que le maréchal Trivulce n'hésita pas à dire le soir même, en présence de tous les officiers de l'armée, que c'était à lui, après Dieu, que l'on devait la victoire.

Dans l'intervalle de ce qui vient d'être raconté, il se passa beaucoup d'affaires en Italie; mais comme elles sont étrangères à l'histoire de notre héros, nous les supprimons. Nous ne devons pas cependant omettre que l'empereur, ayant dans le Frioul des places que les Vénitiens lui retenaient, demanda du secours à la France pour les recouvrer. Le roi lui envoya douze cents hommes d'armes et huit mille de pied, commandés par Chabannes, qui n'oublia pas d'engager son ami Bayard à l'accompagner. Ce secours joignit à Vérone l'armée de l'empereur. Elle marcha droit à Trévise, d'où, n'ayant pas eu un grand succès, elle pénétra dans le Frioul. Bayard commandait alors cent hommes d'armes, que le roi avait récemment donnés au duc de Lorraine, sous la condition expresse que le chevalier les conduirait. Avec cette troupe, avec le brave Fontrailles et ses gens, et quelque peu d'Allemands, ils se présentèrent devant Gradisque et Gority, s'en rendirent bientôt maîtres, et les remirent aux gens de l'empereur.

Bresse est une des plus belles villes de l'Europe, des plus fortes et des plus riches; sa situation est aussi des plus heureuses. Le roi de France en était maître depuis le mois de mai 1509, et y mit pour gouverneur le comte de Lude, et pour capitaine dans le château un gentilhomme biscayen, nommé Hérigoye. Les Vénitiens n'avaient rien plus à cœur que de reprendre cette place, tant à cause de son importance que parce que là ils coupaient les vivres à Vérone, et barraient les convois qui seraient venus de l'état de Milan. Ils ne manquaient pas de correspondances et d'amis dans une place qui avait été longtemps à eux, mais personne n'osait leur prêter la main. Ce que les Vénitiens n'osaient plus faire ni par la force des armes, ni par intelligence, ni par trahison, une batterie entre deux enfants le fit, et occasionna leur rentrée dans Bresse, et le carnage d'un grand nombre de Français tant il est vrai que de grands événements n'ont souvent que de petites causes.

Le comte de Lude avait trouvé le moyen d'envoyer un homme au duc de Nemours, qui marchait avec toutes ses forces à Bologne ; il lui manda que s'il n'était secouru, il ne pouvait tenir plus de huit jours. Le messager eut le bonheur de passer, quoique toutes les avenues fussent gardées, et il fit si grande diligence, qu'il arriva au moment que le siége de Bologne venait d'être levé et les Espagnols battus. Le duc fut dans le dernier chagrin de la perte de Bresse; car, après Milan, c'était la plus intéressante place que les Français eussent en Italie. Il rassembla tous les capitaines et les en instruisit : il fut conclu, tout d'une voix, d'aller reprendre la ville de Bresse, ce qui leur parut facile pourvu que le château se soutînt jusqu'à leur arrivée. Aussitôt, sans perdre un moment, chacun se mit en chemin.

Le provéditeur Gritti, de son côté, n'était pas tranquille. Il ne douta pas que le duc de Nemours n'aurait pas plutôt appris la perte de cette place, qu'il accourrait pour la reprendre. Il écrivit en toute diligence à la seigneurie de Venise le succès qu'il avait eu, et lui remontra le danger où il était d'avoir bientôt l'armée française sur les bras; et il demanda des renforts qui lui furent envoyés; mais Bayard allant au-devant de ces troupes les vainquit.

Les habitants de Bresse étaient dans une consternation générale, prévoyant ce qui ne pouvait tarder d'arriver. Ils prièrent le provéditeur Gritti de quitter leur ville pour qu'ils la rendissent aux Français; mais il le leur refusa constamment, et enfin il s'en trouva mal lui-même.

Le duc de Nemours, généralissime des Français, qui était encore à vingt milles de la ville

lors de la défaite des Vénitiens, se rendit le jour
suivant au pied du château, ayant sur sa route
rencontré dans un village un nombre de gens
de pied de Venise qui furent tous mis en pièces.
Le lendemain le prince et tous les capitaines se
rendirent au château, et résolurent de donner à
la ville un assaut général.

Le général français savait qu'il y avait dans
la ville environ huit mille hommes de troupes,
et douze ou quatorze mille paysans ou miliciens
armés, et qu'elle était fortifiée; il n'avait en
tout que douze mille hommes, mais toutes
troupes d'élite, le surplus était resté à Bologne.
On descendit du château à la ville sans peine;
il n'y avait point de fossés qui traversassent la
marche, mais seulement un rempart assez bon
et nouvellement fait. Tous étant disposés, et
montrant la plus grande ardeur, jointe à la confiance et à l'amitié que chacun avait pour le duc
de Nemours, l'assaut fut ordonné pour neuf
heures du matin, le jour suivant. Bayard, dit
son avis, auquel tous se rangèrent. « Vous
pensez très juste, lui dit le duc de Nemours;
mais quel capitaine voudra s'aller mettre à la
merci des arquebuses! — Ce sera moi, reprit
Bayard, si vous le trouvez bon, et je réponds
que la compagnie que je commande fera tel

honneur et service au roi, que vous vous en apercevrez. » Tous se regardèrent les uns et les autres, étonnés de la proposition et du danger; cependant Bayard insista, et la commission ne lui fut disputée par personne.

Toutes choses ainsi réglées, le duc de Nemours, sensiblement touché du sort des pauvres habitants qui allaient être saccagés et massacrés, remontra qu'il faudrait encore faire une tentative pour sauver la ville des maux qu'elle allait éprouver, et savoir si elle voulait se rendre à composition. Mais la réponse fut que la ville appartenait à la seigneurie de Venise, qu'elle lui demeurait, et que tant qu'ils l'auraient en garde, jamais Français n'y mettrait le pied. Les habitants pensaient bien autrement, et se seraient volontiers rendus, mais ils ne furent pas consultés.

La marche commença, comme il avait été réglé, par les capitaines Molard et Hérigoye avec leurs gens : aux deux ailes marchait Bayard avec ses hommes d'armes, tous hommes de choix, dont la plupart avaient commandé, et préféraient à l'honneur de commander encore celui de servir sous lui. Ces troupes abordèrent le premier rempart, derrière lequel étaient les ennemis qui en défendaient l'approche avec

leur artillerie et à coups d'arquebuses drus
comme la grêle. On combattit de part et d'autre comme des lions. Le provéditeur Gritti,
pour encourager ses gens, leur disait : « Tenons
bon, camarades, les Français n'ont que la
première pointe, ils seront las tout à l'heure; et
si ce Bayard était défait, le cœur manquerait
d'abord aux autres. » Cependant l'attaque devenait toujours plus furieuse des deux côtés; les
Français commencèrent à pousser les Vénitiens,
et les firent un peu reculer ; Bayard s'en apercevant, s'écria : « Courage, compagnons, en-
trons, ils sont à nous. » Et lui-même le premier franchit le rempart, et fut bientôt suivi
de toute sa troupe, au nombre de plus de mille,
qui gagnèrent le premier fort ; mais il en coûta
du sang aux deux partis, bien moins cependant
aux Français qu'aux Vénitiens. Bayard surtout
paya cher l'honneur qu'il y acquit; en sautant
le rempart, il reçut un si terrible coup de pique
dans le haut de la cuisse, que le fer y resta
avec le tronçon rompu. La douleur qu'il ressentit fut telle qu'il se crut mort. « Capitaine
Molard, dit-il, commandez les gens, la ville est
gagnée ; mais je n'y entrerai pas, je suis blessé
à mort. » Le sang sortant à gros bouillons,
deux de ses hommes déchirèrent leurs chemi-

ses pour l'étancher, et l'emportèrent hors de la mêlée le plus doucement qu'ils purent. Cependant le seigneur de Molard, furieux de la perte de son ami et voisin, et les larmes aux yeux, jura de le venger, ainsi que toute sa troupe, et ils fondirent comme des tigres sur les ennemis, renversant tout ce qui se présentait. Le duc de Nemours apprenant la prise du premier fort, mais que Bayard était blessé à mort, ressentit autant de douleur que si lui-même eût reçu le coup. « Allons, camarades, mes amis, s'écria-t-il, allons venger la mort *du plus accompli chevalier qui fut oncques : suivez-moi.* »

Le combat ne dura guère que demi-heure. Le provéditeur poursuivi se jeta dans une maison où il fut fait prisonnier. On ne vit de long-temps un carnage si terrible et si complet : on estima les morts, tant de gens de guerre que de la ville, au-delà de vingt mille hommes, et les Français n'en perdirent pas cinquante. Mais la richesse du butin fut un très grand malheur pour les Français; car les soldats enrichis quittèrent l'armée par bandes, et s'en retournèrent dans leur pays; de sorte qu'elle s'en trouva fort affaiblie, ce qui entraîna bientôt la perte de ce que les Français tenaient en Italie.

Bayard, blessé à mort dès le commencement de l'action, comme on l'a vu, fut couché par deux de ses soldats sur une porte de bois ; ils le portèrent dans une belle et grande maison peu éloignée, et appartenant à un gentilhomme qui l'avait désertée, laissant sa femme et deux jeunes filles à la garde de la Providence. Ce fut la dame qui en ouvrit la porte, et qui reçut Bayard en l'état d'un mourant. Il consigna ses deux soldats à la porte, leur ordonnant sur leur vie de n'y laisser entrer que ses gens. « Je suis assuré, disait-il, que, quand on saura que c'est mon logis, personne ne sera si hardi que de le forcer, et je vous dédommagerai de la part que vous perdrez au pillage. » Il fut porté dans un bel appartement où la dame le conduisit, et dès qu'il y fut, elle se jeta à genoux devant lui, et lui parla en ces termes : « Noble seigneur, je vous offre cette maison et tout ce qui y est ; tout est à vous par le droit de la guerre ; je ne vous demande qu'une grâce, c'est de conserver la vie et l'honneur à moi et à mes deux jeunes filles.

— Madame, dit Bayard, pouvant à peine parler, je ne sais si j'échapperai du coup que j'ai reçu ; mais tant que je vivrai, il ne vous sera fait, ni à vos filles, plus d'injure qu'à moi-même. »

La dame rassurée par les paroles du cheva-

lier, alla elle-même, accompagnée d'un des soldats, chercher un chirurgien à deux maisons
de la sienne. Dès qu'il fut arrivé, il visita la plaie,
qui était grande et profonde, mais il assura
qu'elle n'était pas mortelle, et y mit le premier
appareil, à la levée duquel le duc de Nemours
envoya son chirurgien, avec ordre de ne point
quitter le malade. En effet, celui-ci le traita si
bien, qu'en moins d'un mois et demi il le mit
en état de monter à cheval.

Après la glorieuse mais sanglante reprise de
Bresse par les Français, le premier soin du duc
de Nemours fut de rétablir, autant qu'il le put,
la tranquillité.

Pendant sept à huit jours qu'il resta dans la
ville, il n'en passa pas un sans aller voir une
fois ou deux notre héros, et l'encourager à se
rétablir promptement, parce que, disait-il, nous
serons obligés, d'ici à un mois, de livrer bataille aux Espagnols; et pour tout ce que j'ai au
monde je ne voudrais pas qu'elle se donnât
sans vous.

Quand le roi apprit la réduction de la ville de
Bresse, il souhaita d'autant plus de poursuivre
la victoire, et de chasser entièrement les Espagnols de la Lombardie, qu'il jugeait que tant
qu'ils y seraient, son état de Milan ne serait

jamais en sûreté. Il écrivit lettres sur lettres à son neveu le duc de Nemours, qui n'en sentait pas moins que lui la nécessité. Le roi lui marquait de repousser les Espagnols si loin qu'ils n'y revinssent jamais.

Le duc, tant pour obéir au roi que parce qu'il voyait lui-même la nécessité d'une bataille qui pourrait terminer la guerre, partit de Bresse avec tous ses hommes de cheval et de pied, et se rendit à Bologne, où arriva bientôt après lui le duc de Ferrare, qu'il chargea avec Chabannes de conduire son avant-garde. L'armée française rencontra, à quelques milles de Bologne, celle d'Espagne, qui était une des plus belles qu'on eût jamais vues, tant pour le nombre que pour l'élite des troupes, la richesse des équipages et la beauté des chevaux.

Pendant trois ou quatre semaines, les deux armées se tinrent continuellement à cinq ou six milles l'une de l'autre. Cependant le bon chevalier, qui s'était cru blessé à mort, en fut quitte pour garder la chambre cinq ou six semaines. En vain ses hôtes lui offrirent des présents, il refusa en disant : « Je n'ai fait que mon devoir. » Il prit la route du camp devant Bologne, accompagné de son bon ami le seigneur d'Aubigny, que le duc de Nemours avait laissé pour gouverner dans Bresse, qui le conduisit avec un nombre de gentilshommes jusqu'à deux ou trois milles; quelques-uns le suivirent jusqu'au camp, où ils arrivèrent le mercredi avant Pâques. Bayard fut reçu du prince et de toute l'armée avec de si grandes démonstrations de joie, qu'il semblait qu'il fût lui seul un renfort de dix mille hommes. Le camp était ce jour-là devant Ravenne : les Espagnols en étaient éloignés de dix milles; mais le lendemain ils se rapprochèrent à la distance de deux milles.

Dès le lendemain de l'arrivée de Bayard, le duc de Nemours tint conseil de guerre sur le parti qu'il convenait de prendre. Les avis étaient partagés sur ce qu'il y avait à faire; le duc demanda l'avis de Bayard, qui répondit : « Je ne suis ici que d'hier; ainsi, monseigneur, je ne connais pas les forces des ennemis, comme mes camarades qui sont ici présents, qui les ont vues de près à l'escarmouche : mais puisque vous me demandez mon avis, et que j'ai entendu que les uns opinent pour la bataille, les autres contre, je vous dirai que je conviens qu'il est toujours dangereux de donner bataille, et qu'il l'est peut-être beaucoup aujourd'hui, vu notre situation; que l'on ne doit s'y exposer qu'avec beaucoup de prudence; que cependant, vu l'état des ennemis et le nôtre, je crois que vous la devez donner ; et la raison est que vous avez déjà fait vos approches devant Ravenne, et que vous devez demain la canonner pour y donner assaut dès que la brèche sera faite. Vous savez que le seigneur Marc-Antoine Colonne, qui est dans la place depuis plus de quinze jours, n'y est entré que sur la parole et le serment du vice-roi de Naples, général des Espagnols, du seigneur Fabrice Colonne, son oncle, de don Pedro de Navarre, et de tous les capitaines, de lui donner du secours, s'il peut tenir jusqu'à demain, ou au plus tard le jour de Pâques ; vous savez aussi qu'ils sont en état de lui tenir parole, puisqu'ils touchent presque à notre armée ; que d'ailleurs nous ne saurions rester dans l'état où nous sommes, et que nous manquons de vivres et de fourrages, que le roi vous presse de donner bataille, comme le seul moyen de conserver non seulement son duché de Milan, mais tout son royaume, pour les causes qu'il vous écrit ; ainsi je conclus qu'il faut la donner et y aller bien sagement, car nous avons en tête une belle et nombreuse armée. Mais une chose me rassure, c'est que le champ de bataille demeurera à qui plus longtemps combattra. » Ce propos fit rire tout le monde,

mais on ne l'en trouva pas moins sensé. Les seigneurs de Lautrec, de Chabannes, de Crussol,
le grand sénéchal de Normandie, et presque
tous les capitaines s'y rangèrent; et dans le
moment tous les officiers des gendarmes et des
gens de pied eurent ordre de se préparer à donner bataille.

Le lendemain, qui était le Vendredi-Saint, la
ville de Ravenne fut vigoureusement canonnée.

Quand les Français eurent donné cinq ou six
assauts : voyant la brèche trop bien défendue
pour y pouvoir entrer, ils firent battre la retraite, pour que chacun se reposât et se mît en
état de combattre.

Le duc donna à souper aux principaux officiers, et après le repas il adressa la parole au
bon chevalier, et lui dit : « Seigneur Bayard,
il faut vous apprendre que les Espagnols vous
craignent : nos prisonniers nous rapportent
qu'ils leur demandent à tous si vous êtes dans
notre camp ; je serais d'avis que demain matin
vous leur portassiez vous-même de vos nouvelles, et que vous leur fissiez quelque bonne
escarmouche qui les oblige de se mettre en bataille, pour que vous jugiez de leur contenance. »
Bayard, qui de sa vie n'avait souhaité mieux,
saisit la proposition et répondit : « Je vous pro-

mets, monseigneur, qu'avant qu'il soit demain midi, je les aurai vus de si près, que je vous en rendrai bon compte. »

Ce qu'il promit il l'exécuta; il réussit si bien dans ses attaques que l'ennemi en fut tout déconcerté, mais non vaincu. Les Vénitiens se retirèrent alors vers Ravenne. La veille de cette bataille, le duc assembla chez lui tous les capitaines, tant de chevaux que de pied, et leur parla ainsi : « Vous voyez, messieurs, que nous sommes ici dans un pays où tout nous manque, et que plus nous y resterons, plus nous y languirons; la ville de Ravenne nous borne d'un côté, les ennemis sont de l'autre, à une portée de canon. Je suis instruit que les Vénitiens et les Suisses menacent de descendre dans le duché de Milan, où vous savez que nous n'avons pas laissé de grandes forces; d'ailleurs le roi mon oncle me presse tous les jours de donner bataille, et je crois que s'il savait notre situation, il m'en presserait encore plus vivement. Ainsi, tout considéré, je crois que nous ne pouvons pas la différer davantage, et j'espère qu'avec l'aide de Dieu et la bonne volonté de notre armée, nous devons, pour l'honneur de notre maître et pour le nôtre, marcher aux ennemis. Si Dieu nous favorise, nous lui en rendrons grâces; si nous avons le dessous, que sa volonté soit faite; quant à moi, ne doutez pas que je n'aime mieux mourir que de la perdre ; et si Dieu l'ordonne ainsi, les ennemis seront bien lâches s'ils m'épargnent , car je ne les épargnerai pas : donnez-moi à présent vos avis, et je les suivrai. »

Cette bataille de Ravenne dura tout le jour et fut meurtrière de part et d'autre. Le duc de Nemours y périt. Bayard y fit des prodiges de valeur, et c'est à lui surtout que les Français durent la victoire; mais elle ne termina pas la guerre. Comme les Vénitiens et les Suisses menaçaient le duché de Milan, et que, d'un autre côté, l'empereur commençait à se remuer contre nous, il fallut prendre la route du Milanais.

La crainte que les Français avaient des Vénitiens et des Suisses ne se trouva que trop bien fondée : ces derniers ne tardèrent pas à descendre dans le Milanais en grand nombre, et renforcés des troupes du pape. L'armée française était trop fatiguée et trop diminuée pour leur tenir tête. On leur disputa assez bien quelques passages ; mais enfin il fallut céder au nombre et se retirer à Pavie, où l'on espérait se maintenir. Les Français n'y furent pas de deux jours, que, quelque diligence qu'ils eussent faite à barrica-

der et fortifier les portes, les Suisses y entrèrent,
et gagnèrent la grande place, où l'alarme fut
bientôt mise. Le capitaine Louis d'Ars, qui en
avait été fait gouverneur, s'y rendit promptement,
et fit des choses merveilleuses; Chabannes,
Humbercourt le secondèrent, et surtout Bayard,
qui s'y surpassa. Entre autres faits, il arrêta tout
court les Suisses, combattant toujours pendant
plus de deux heures, n'ayant avec lui que trente-
six des siens, et dans cet intervalle il eut deux
chevaux tués sous lui.

C'était par son avis que les Français, en entrant dans la ville, avaient construit d'abord un
pont de bateaux, quoiqu'il y en eût un de pier-
res, pour avoir en cas de malheur une retraite
assurée. L'événement ne tarda pas à vérifier la
sagesse de cette précaution. Dans une attaque,
Bayard, resté le dernier, suivant sa coutume,
reçut un coup de fauconneau tiré de la ville,
qui lui frappa l'épaule en passant, et emporta
toute la chair jusqu'à l'os. Ceux qui virent le
coup le crurent mort; mais lui, qui ne s'effrayait
jamais de rien, ne se déconcerta pas, et, quoiqu'il sentît une douleur extrême, il rassura ses
compagnons, en leur disant que ce n'était rien,
aussi tranquillement que si en effet c'eût été peu
de chose. Cependant le sang sortait avec abon-

dance, et on eut bien de la peine à l'étancher;
mais ne se trouvant pas là de chirurgien, ses
gens déchirèrent leurs chemises, d'autres mirent
sur la plaie de la mousse d'arbre; enfin on le
mit le mieux que l'on put en état de suivre l'armée, qui se retira jusqu'à Alexandrie, où se
trouva un pont fait par les soins du seigneur
Théodore Trivulce, lequel avait pris exprès les
devants. Elle n'y fit pas un grand séjour, et fut
bientôt obligée d'abandonner tout à fait la Lombardie, excepté les citadelles de Milan, Crémone,
Lugano et Locarne, et quelques places dans la
Valteline, avec la ville et le château de Bresse.

Cette armée, ou plutôt ce débris d'armée,
repassa les Alpes, et se logea en différentes garnisons. Bayard, quoique encore blessé, la suivit, et se rendit à Grenoble, auprès de l'évêque
son oncle, qui ne l'avait pas vu depuis le jour
qu'il le laissa entre les mains du duc de Savoie,
en qualité de page. Il est inutile de dire avec
quelles démonstrations de joie il en fut reçu, et
de satisfaction du renom qu'il s'était fait à la
guerre, dans l'intervalle de vingt-deux ans.

Il ne reçut pas moins de témoignages d'estime
et d'admiration de la part de la noblesse; chacun s'empressait à lui donner des fêtes, et tous,
même les dames, se félicitaient de l'honneur

qu'il faisait à leur province. Il ne pouvait pas
être mieux que là pour se rétablir; cependant,
soit par suite de sa dernière blessure, soit par
les grandes fatigues qu'il avait essuyées pendant
plusieurs campagnes de suite, il fut attaqué
d'une fièvre continue qui dura dix-sept jours,
et le réduisit à l'extrémité. Quand il se vit en
cet état, son regret n'était pas de mourir, mais
de mourir dans un lit. « Hélas ! mon Dieu, disait-il, si c'était votre volonté de me retirer à
vous, que ne m'avez-vous fait la grâce de permettre que je mourusse aux pieds de cet incom-
parable duc de Nemours, avec mes braves compagnons ! Pourquoi ne l'avez-vous pas permis
quand je fus blessé si grièvement à l'assaut
de Bresse? J'aurais accepté la mort avec joie,
à l'exemple de tous mes ancêtres qui sont morts
sur le champ de bataille. J'y ai tant de fois été
exposé, je l'ai tant bravée, et en tant d'occasions périlleuses, d'assauts ou d'escarmouches !
Je n'en ai échappé que pour venir ici mourir
dans un lit comme une femme! Cependant,
mon Dieu, que votre volonté soit accomplie;
toute ma confiance est dans votre miséricorde;
je suis un grand pécheur, mais j'espère que
vous me pardonnerez mes fautes, et que vous
accepterez le sacrifice de ma vie en expiation. »

Enfin ses regrets et ses sentiments de piété étaient si touchants, que tous les assistants fondaient en larmes. Tant qu'il fut dans cet état, tout le monde de la ville, grands et petits, les nobles comme le peuple, l'évêque et le clergé, étaient sans cesse en prières pour sa conservation... enfin Dieu les exauça, sa fièvre diminua peu à peu, et en huit ou dix jours le quitta tout à fait. Son rétablissement fut long; mais avec le temps et les soins qu'on prit de lui, sa santé se rétablit entièrement, et assez bien pour qu'il donnât des fêtes, pendant ces quelques mois qu'il passa encore à Grenoble.

Après qu'il eut ainsi resté quelque temps en Dauphiné, fêté et chéri de tout le monde, le roi Louis XII envoya une armée en Guienne, aux ordres du duc de Longueville, pour recouvrer le royaume de Navarre sur Ferdinand, roi d'Aragon, qui l'avait depuis peu usurpé sur le roi Jean d'Albret, à qui il appartenait par sa femme Catherine de Foix. Cette entreprise ne fut pas heureuse : l'armée ayant été longtemps dans le pays sans aucun succès, une partie commandée par Chabannes fut forcée de passer les Pyrénées avec le roi de Navarre. Peu après ils furent suivis de Bayard conduisant un nombre de grosses pièces d'artillerie, avec un détachement

qui, chemin faisant, s'empara de quelques petites
forteresses, et vinrent enfin mettre le siége devant Pampelune. A quatre lieues de cette ville
était un château dont la prise devenait intéressante dans la circonstance ; non que par lui-
même il fût d'une grande force, mais parce
qu'il pouvait s'y renfermer assez d'hommes
pour secourir la ville, ou du moins inquiéter
les assiégeants. Le roi de Navarre et Chabannes prièrent Bayard de se charger de s'en rendre maître, et il accepta la commission en
homme qui n'avait jamais rien trouvé de difficile. Il s'en empara en effet bientôt avec une
adresse et un courage incroyables. Restait le
siége de Pampelune ; on n'en put venir à bout.
L'armée, en entrant à Navarre, y avait fait un
dégât général de tous les biens de la terre ;
les magasins de blé et autres vivres avaient été
dispersés, et les meules de moulins rompues,
ce dont on eut bientôt lieu de se repentir ; car
tout manqua à la fois, et la famine devint si
grande que bien des soldats en moururent : les
troupes étaient nu-pieds et à peine vêtues ; enfin
on éprouva tous les maux ensemble.

Dans cette triste situation, et pour comble de
disgrâce, on apprit que le duc de Navarra s'avan-
çait avec un corps de huit à dix mille hommes,

Bayard.   6

et qu'il était déjà au pont de la Reine; toutes ces circonstances firent conseiller au roi de Navarre, par Chabannes et par tous les premiers officiers, de remettre la partie à une autre saison; en sorte que le siége fut levé en plein jour.

Les Français se retiraient ayant les ennemis à leur suite, qui sans cesse les inquiétaient; cependant la retraite ne fut pas si malheureuse qu'elle devait l'être naturellement. Bayard surtout y acquit bien de l'honneur, étant toujours à l'arrière-garde, faisant face aux ennemis, que souvent il faisait repentir de leur hardiesse. Enfin l'armée gagna Bayonne, où elle trouva à se refaire de la famine qu'elle avait éprouvée.

Après cette fâcheuse expédition, et l'armée étant de retour en France, le roi ne tarda pas à avoir de quoi l'occuper. Henri VIII, roi d'Angleterre, à l'instigation du pape et de Ferdinand, roi d'Aragon, et d'intelligence avec l'empereur Maximilien fit une descente en Picardie, près de Calais, avec de puissantes forces. Louis envoya contre lui des forces proportionnées, sous les ordres de Louis de Halwin, seigneur de Piennes, gouverneur de la province, et avec lui Bayard et nombre d'autres bons capitaines.

Les Anglais ne furent pas plutôt débarqués, qu'ils allèrent droit mettre le siége devant Thérouanne, qui était une bonne place et bien fortifiée.

L'armée anglaise était commandée par le duc de Suffolk et le capitaine Talbot. Pendant qu'ils canonnaient la place, le roi d'Angleterre débarqua, et peu s'en fallut que tout en arrivant il ne fût fait prisonnier sur la route de Calais à Thérouanne. Il avait avec lui près de douze mille hommes de pied, parmi lesquels étaient quatre mille lansquenets, et il n'avait pas un homme de cheval : il fut rencontré par Bayard, qui commandait un détachement de douze cents hommes d'armes, tous bien délibérés de faire le coup; mais ils n'avaient pas avec eux un homme de pied. Le prince anglais, saisi de peur, mit pied à terre, et se fit environner par ses lansquenets. Bayard voulait absolument attaquer avec ses douze cents hommes d'armes, et disait au seigneur de Piennes : « Chargeons-les; si nous les rompons, nous aurons leur roi, s'ils nous repoussent, nos chevaux nous en tireront sans grande perte. » Piennes lui répondit : « Faites-en ce que vous voudrez, mais ce sera sans mon consentement : j'ai ordre du roi de garder seulement son pays, et de ne rien hasarder. » Ainsi il n'en fut autre chose, et Bayard et les

siens eurent le dépit de voir passer le roi d'Angleterre et son escorte. Mais enfin notre héros
ne put se contenir : il fondit avec ses gens sur
la queue de la troupe, et lui fit si bien doubler
le pas, qu'elle abandonna une grosse pièce de
canon nommée Saint-Jean.

Ce roi, peu de jours après son arrivée à son
camp, y fut joint par l'empereur, qui lui amena
quelques troupes du Hainaut et de Bourguignons,
et son arrivée fut célébrée par des canonnades
contre la ville.

Du côté des Français il y avait ordre de ne
point combattre, mais seulement d'occuper les
ennemis, pour seconder le transport des vivres
dans la ville. L'ordre fut assez bien exécuté,
mais ne réussit pas. A cette *journée des Eperons*, le duc de Longueville et Chabannes furent
faits prisonniers avec quelques capitaines.

Bayard, forcé de se retirer comme les autres,
et à son grand regret, faisait souvent volte-face
avec une quinzaine d'hommes de sa compagnie,
et repoussait les ennemis. Il trouva un petit
pont sur un courant d'eau très profond qui traversait la plaine, et ce pont était si étroit, qu'il
n'y pouvait passer que deux hommes de front.
« Mes amis, s'écria-t-il, arrêtons-nous ici, et
gardons ce pont; je vous promets que d'une

heure les ennemis ne le gagneront sur nous. »
Il envoya en toute diligence un homme de sa
troupe vers Chabannes, lui donner avis du poste
où il était, et qui arrêterait les ennemis assez de
temps pour qu'il lui amenât du secours, et que
dans le désordre où ils étaient, ils seraient aisés
à défaire. Les Bourguignons et ceux du Hainaut
y furent bientôt, et surpris de se voir arrêtés
par si peu d'hommes, les chargèrent de toutes
leurs forces; mais Bayard fit des prodiges à
son ordinaire, et aurait donné aux Français le
temps de se rallier et de venir à lui, lorsqu'il
aperçut une troupe de deux cents chevaux qui
gagnèrent le dessous du courant, et le passèrent
auprès d'un moulin. Alors se voyant enfermé
devant et derrière, sans moyen d'échapper, il
dit à ses camarades : « Rendons-nous, voici de
trop grandes forces, et nous sommes trop peu;
ils sont au moins dix contre un, et toute notre
prouesse ne nous servirait de rien; car nos
chevaux sont rendus de lassitude, nos gens sont
trop loin pour nous secourir, et si ces archers
nous gagnent, ils nous mettront en pièces. » Son
avis fut suivi, et chacun se rendit aux plus
apparents de la troupe ennemie. Bayard, que la
présence d'esprit n'abandonnait jamais, aperçut
un officier bien équipé, qui s'était retiré sous les

arbres pour se reposer et se rafraîchir : il s'était désarmé, et son épée était à côté de lui; notre chevalier courut à lui à pointe de cheval, et lui portant son épée à la gorge, lui dit : « Rends-toi, homme d'armes, ou je te tue. » Le cavalier bien étonné d'être pris au dépourvu, n'avait pas envie de mourir là; il se rendit en disant : « Puisque je suis sans défense, je vous rends mon épée et ma personne; mais apprenez-moi à qui je me suis rendu. — Au capitaine Bayard, répondit le chevalier, qui est lui-même votre prisonnier, et voilà mon épée. » Le gentilhomme ne comprenait encore rien à l'aventure; mais Bayard le mit au fait, et fit sa condition que, s'il arrivait que les Anglais voulussent le tuer, il lui rendît ses armes. L'officier s'y engagea et tint parole; car ils eurent à se défendre contre des coureurs qui tuaient les prisonniers quand ils ne trouvaient pas de butin à faire. Enfin ils arrivèrent au camp du roi d'Angleterre, où l'officier logea son prisonnier dans sa tente, et le traita en homme qui honorait la vertu même dans son ennemi. Cela dura quatre ou cinq jours, au bout desquels Bayard lui dit un matin d'un air sérieux : « Mon gentilhomme, je commence à m'ennuyer d'être ici à ne rien faire; vous m'obli-geriez beaucoup si vous vouliez me faire con-

duire au camp du roi mon maître. — Comment!
dit le Bourguignon : eh! vous n'avez pas encore
parlé de votre rançon? — Ni vous de la vôtre,
reprit Bayard ; n'êtes-vous pas mon prisonnier?
n'ai-je pas été le maître de vous tuer, et si je
me suis rendu à vous, ai-je eu d'autre raison
que de sauver ma vie! J'ai votre parole et vous
me la tiendrez, sinon tôt ou tard je vous com-
battrai. » Le gentilhomme, plus étonné qu'auparavant, ne savait que lui répondre ; il le connaissait trop bien par son nom pour vouloir
avoir affaire à lui : cependant il se remit et lui
dit : « Mon capitaine, je ne veux que ce qui
sera trouvé juste par ceux à qui nous nous en
rapporterons. »

L'empereur ayant appris que Bayard était
dans le camp, et témoin de la joie que la prise
causait à tout le monde, comme si c'eût été le
gain d'une bataille, l'envoya quérir, et le reçut
avec des bontés et des caresses extraordinaires :
*Capitaine Bayard, mon ami, lui dit-il, j'ai
très grande joie de vous voir; plût à Dieu que
j'eusse beaucoup de tels hommes que vous; il
me semble qu'avant qu'il fût guère de temps
je me saurais bien venger des bons tours que le
roi votre maître m'a fait par le passé; mais,*
ajouta-t-il, il me semble que nous nous som-

mes vus quelque part à la guerre ensemble, et que j'avais ouï dire que Bayard ne fuyait point.

— Sire, répondit le chevalier, si j'eusse fui, je ne serais pas ici. Ensuite il rendit compte à l'empereur des occasions où il avait eu l'honneur de se trouver avec lui. En ce moment arriva le roi d'Angleterre, à qui l'empereur fit connaître Bayard, et qui lui fit aussi l'accueil le plus gracieux : ensuite il badina sur la retraite précipitée des Français, et dit qu'il n'avait jamais vu si bien courir. L'empereur en fit aussi quelque raillerie; mais Bayard les interrompit en disant que les hommes d'armes de France n'étaient point à blâmer, parce qu'ils avaient ordre exprès de ne point combattre; ils n'avaient ajouta-t-il, ni gens de pied, ni artillerie, et il était indubitable que Vos Majestés auraient amené là toutes leurs forces, comme en effet il est arrivé; et elles savent que la noblesse française jouit d'une réputation faite, non pas cependant que je me mette du nombre ! — *Vous,* reprit le roi d'Angleterre, *je crois que si tous les gentilshommes français étaient vos pareils, le siége que j'ai mis devant Thérouanne me serait bientôt levé; mais enfin vous êtes notre prisonnier.* — Sauf le respect que je dois à Vos Majestés, dit Bayard, je ne puis convenir d'être

prisonnier, et je les supplie d'en être les juges;
et tout de suite, en présence du gentilhomme,
il raconta le fait exactement comme il l'avait
rapporté, à quoi l'officier ne put rien opposer.
Les deux princes se regardèrent comme pour
se consulter, et l'empereur prononça que Bayard
n'était point prisonnier, et que le Bourguignon
serait plutôt le sien; mais que toutes choses
considérées, ils demeureraient quittes l'un envers
l'autre, et que le chevalier aurait la liberté de
s'en retourner quand le roi d'Angleterre le lui
permettrait. Ce prince fut obligé de ratifier le
jugement, mais il exigea que Bayard demeurât
six semaines sur sa parole sans porter les armes,
et lui donna dans cet intervalle la liberté d'aller
se promener dans toutes les villes de la Flandre.
Le chevalier, un genou en terre, remercia les
deux princes de leur décision, et peu de jours
après prit congé d'eux, et partit pour visiter ce
beau pays. Le roi d'Angleterre lui fit secrètement
proposer d'entrer à son service, mais il n'eut
qu'une réponse, savoir : *qu'il n'avait qu'un
maître au ciel, qui était Dieu, et un maître sur
terre, qui était le roi de France, et qu'il n'en
servirait jamais d'autres.*

Le terme expiré, Bayard prit congé d'eux, et

fut reconduit avec sûreté à peu de distance du camp français.

La ville de Thérouanne continuait d'être canonnée sans relâche; et ne pouvant être secourue d'hommes ni de vivres, fut enfin réduite à capituler.

Louis XII mourut, François Ier lui succéda.

(1515.) Le nouveau roi ne se livrait pas tant à ses plaisirs qu'il ne méditât de conquérir son duché de Milan, que les Sforces continuaient de tenir en souveraineté. Il faisait défiler secrètement des troupes par le Lyonnais en Dauphiné, où il avait fait prendre les devants à Bayard, avec qualité de lieutenant-général de la province, et ordre d'aller en avant jusque sur les terres du marquisat de Saluces.

On a vu dans toute cette histoire que Bayard était toujours le premier aux opérations et le dernier aux retraites; voici son premier coup d'essai dans le pays. Il sut d'abord que Prosper Colonne avait avec lui trois cents hommes d'armes et un nombre de chevau-légers, tous parfaitement montés; il sut aussi où il logeait ordinairement et résolut de l'y surprendre. Il le saisit dans cette maison.

Celui-ci tenta d'abord de se défendre; mais quand il vit le grand nombre des assaillants, et qu'il entendit nommer les capitaines à qui il avait affaire, il reconnut que la résistance était inutile, et se rendit avec le plus grand regret du monde, désespéré d'avoir été surpris et de n'avoir pas attendu les Français dans la plaine. Bayard, qui était aussi bon dans la victoire que brave dans l'action, lui disait pour le consoler : — Seigneur Prosper, c'est le sort des armes; on gagne un jour, on perd le lendemain ; mais vous dites que vous auriez souhaité nous trouver dans la plaine : remerciez Dieu de ce qu'il ne l'a pas permis ; car je vous assure qu'à voir le courage de nos gens, vous auriez eu, vous et les vôtres, bien de la peine à vous tirer de nos mains. — Plût à Dieu, répondit-il fièrement, que cela fût arrivé, quand j'aurais dû rester sur la place !

Les Français ne purent tout emporter, car ils furent avertis que les Suisses venaient au trot les attaquer, et qu'ils n'étaient pas loin ; c'est pourquoi ils firent sonner la retraite : chacun prit ce qu'il put emporter de meilleur, on fit marcher les prisonniers devant la troupe, et on se retira. Comme ils sortaient de la ville par une porte, les Suisses entraient par l'autre, tant à pied qu'à cheval; mais ils ne passèrent pas outre. Ainsi se passa cette expédition, dont Bayard eut l'honneur de l'invention et du succès, et où ce seigneur Prosper Colonne se vit prisonnier d'un homme qu'il s'était vanté de prendre tôt ou tard comme dans une cage.

Les Suisses, qui s'étaient postés pour disputer les passages, ayant appris la disgrâce de Prosper Colonne, prirent la route de Milan, ayant toujours les Français à leur suite.

Les lansquenets du roi voulant se signaler par un coup de hardiesse, et fondre sur les Suisses, essayèrent de passer un fossé qui était au-devant du camp français ; mais quand ils l'eurent passé au nombre de sept à huit cents, les Suisses les prirent en flanc, et les précipitèrent la plupart dans le fossé, et le carnage en aurait été très grand, si le duc de Guise, le connétable, le comte de Saint-Pol, Bayard et plusieurs autres, ne fussent accourus à leur secours, et n'eussent repoussé les Suisses.

Dans la dernière charge sur les Suisses, il arriva une étrange aventure à Bayard, qui devait naturellement y périr. Il montait un cheval très vigoureux, qui se sentant blessé de plusieurs coups de piques se débrida. Ne sentant plus son mors, et prenant sa course tout à travers les Suisses, il allait précipiter son cavalier dans une autre troupe qui ne lui aurait pas fait de quartier. Par bonheur le cheval s'embarrassa dans des ceps de vigne, et là il fut forcé de s'arrêter. Si Bayard une fois en sa vie crut mourir, ce fut dans ce moment là. Cependant il conserva sa présence d'esprit ordinaire, et il se coula de son cheval à terre, quitta toute son armure, et rampant sur les pieds et sur les mains pour n'être point vu, il tourna du côté où il entendit crier : *France, France*, et arriva sans malheur au camp du roi, rendant grâces à Dieu de l'avoir délivré d'un si grand danger.

Le premier homme qu'il rencontra fut le duc de Lorraine, dont il était singulièrement aimé et estimé, et qui fut bien étonné de le voir à pied, sans armes, et en si mauvais état. Bayard lui raconta son aventure, et le prince lui fit donner à l'instant un très beau cheval, dont le chevalier lui-même lui avait autrefois fait présent, l'ayant gagné à la première prise de Bresse.

Bayard, remonté, était fâché d'être sans armet, tant parce que s'étant fort échauffé à marcher, il lui était dangereux de se refroidir, que parce qu'il ne regardait pas la bataille comme finie. Dans ce moment il aperçut près de là un gentilhomme, son ami, qui faisait porter son armet par son page. Il le lui emprunta, bien résolu de ne le lui rendre qu'après la bataille, qui en effet, recommença au point du jour, et ne finit qu'à environ midi. Les Suisses donnèrent d'abord dans l'artillerie française, qui en détruisit un grand nombre. Le combat fut vif et sanglant des deux côtés ; enfin ils furent entièrement défaits, et laissèrent sur la place dix ou douze mille des leurs. Le reste se retira vers Milan, toujours combattant et en assez bon ordre, poursuivi tant par les Français que par les Vénitiens que la seigneurie avait envoyés au roi, commandés par le noble Barthélemy d'Alviane, qui perdit plusieurs de ses meilleurs officiers, entre autres le jeune de Pétiliane. Les Français en perdirent aussi des plus illustres.

Les Suisses ne séjournèrent à Milan que le jour de leur défaite, et reprirent dès le lendemain le chemin de leur pays. Le roi balançait s'il enverrait après eux pour les achever, mais il jugea plus à propos de les laisser aller, prévoyant qu'il pourrait dans la suite avoir besoin d'eux. S'il eût voulu, il n'en serait pas retourné un seul : voilà quel fut le succès de la charitable harangue du cardinal de Sion.

Le même jour au soir, le roi à son souper parla beaucoup de cette bataille et de ceux qui s'y étaient distingués. Toutes les voix se réunirent pour donner la palme au chevalier Bayard, qui y avait fait, comme partout ailleurs, des prodiges. Il reçut du roi la plus glorieuse récompense qu'un sujet puisse espérer de la part de son prince, car le roi voulut recevoir de sa main l'ordre de chevalier. Bayard s'en excusa avec sa modestie ordinaire, lui représentant que tant d'honneur ne lui appartenait pas, mais plutôt aux princes du sang ou autres grands seigneurs qui s'étaient distingués plus que lui. Le roi le voulut absolument, et le lui ordonna en ces termes : — Avant que de créer chevaliers ceux qui ont bien fait à la bataille, il faut que je sois moi-même créé chevalier par vos mains, parce que celui qui a combattu à pied et à cheval entre tous les autres est tenu et réputé le digne chevalier. Or est ainsi de vous qui avez en plusieurs batailles combattu contre plusieurs nations. Ainsi, Bayard, dépêchez-vous ; il ne faut ici alléguer ni lois, ni canons ; faites mon vouloir et commandement, si vous voulez être du nombre de mes bons serviteurs et sujets. — Je n'ai plus qu'à obéir, répondit Bayard. Et prenant son épée, il dit : Sire, autant vaille que si c'était Roland ou Olivier, Godefroi son frère ; puis il fit la cérémonie, et ajouta : Certes vous êtes bien le premier prince que oncques fis chevalier. Dieu veuille qu'en guerre ne fuyez jamais. Ensuite ayant baisé son épée, et la tenant de la

main droite il dit : Glorieuse épée, qui aujour-
d'hui as eu l'honneur de faire chevalier le plus
grand roi du monde, je ne t'emploierai jamais
que contre les infidèles, ennemis du nom chré-
tien. Certes, ma bonne épée, tu seras moult
bien comme relique gardée, et sur toutes autres
honorée. Enfin il fit deux sauts et la remit au
fourreau. Charles-Emmanuel, duc de Savoie,
souhaita de l'avoir comme une pièce de grande
valeur, et la fit demander aux héritiers de
Bayard après sa mort; et au défaut il obtint sa
masse d'armes de Charles du Motet, seigneur
de Chichiliane, l'un d'eux, à qui il écrivit en le
remerciant, que parmi le contentement qu'il
aurait de voir cette pièce au lieu plus digne de
sa galerie, il était déplaisant de quoi elle ne
serait pas en de si bonnes mains que celles de
son premier maître.

Maximilien Sforce, qui se prétendait légitime
duc de Milan, comme héritier de son père, se
retira dans le château après la défaite des Suisses. Mais dès qu'il vit faire des préparatifs pour
l'y assiéger, il le rendit; et en sortit, lui et les
siens vie et bagues sauves. Le roi devenu tranquille, alla à Bologne voir le pape Léon X, qui
lui fit une réception magnifique, et après quelque
séjour et beaucoup de conférences où furent

jetés les fondements du concordat, le roi retourna à Milan, d'où il reprit peu après la route
de son royaume, laissant pour son général le
connétable duc de Bourbon.

Au printemps suivant, le roi étant à Compiè-
gne apprit que les Génois voulaient se remuer, et
qu'il serait bon de leur envoyer, pour les contenir dans le devoir, un officier sage et prudent.
François Iᵉʳ ne balança pas sur le choix; il manda
d'abord Bayard, dont il connaissait l'attache-
ment pour ses maîtres et son empressement à
leur être utile. Il le chargea de cette commission
et de ses ordres, et finit par ces propres termes :
*Je vous prie, tant que je puis vous prier, de
faire ce voyage pour l'amour de moi, ayant
grand espoir en votre personne.*

Bayard sans délai reprit la route de Grenoble, et tout de suite celle de Gênes où, pendant
son séjour, non seulement tout fut tranquille,
mais où il sut se faire estimer et respecter de tous,
tant du gouvernement que de la noblesse et du
peuple. Il avait mené avec lui sa compagnie de
cent hommes d'armes et celle de cinq cents
hommes de pied, et était accompagné de quan-
tité de gentilshommes. Ils se rendirent ensemble
à l'armée devant Milan, sous les ordres du fameux Lautrec, aussi maréchal de France. Cette

Bayard.   7

campagne ne fut pas heureuse, parce que les Suisses, ayant été repoussés à l'affaire de la Bicoque, refusèrent de retourner à la charge, et peu de jours après regagnèrent leur pays, ce qui fut cause que l'on mit le reste des troupes en garnison.

Au commencement de l'année 1524, l'armée du roi devant Milan s'affaiblissait de jour en jour, pendant que celle de l'empereur se renforçait. L'amiral Bonivet vint établir son quartier dans une petite ville nommée Biagrasso, et chargea Bayard de s'avancer jusqu'à un petit village tout proche de Milan, nommé Rebec, qui n'avait ni murailles, ni fossés, ni barricades, et qui touchait au camp des ennemis. Il lui donna deux cents hommes d'armes et les deux mille hommes de pied du seigneur de Lorges, pour inquiéter ceux de la ville et leur couper les vivres. Bayard, qui toute sa vie n'avait cherché que les occasions de servir le roi, était trop éclairé pour ne pas apercevoir le danger évident de la commission ; il s'en expliqua assez vivement au général, lui remontra que la place n'était pas tenable, que la moitié de l'armée ne suffirait pas pour la garder, ainsi n'ayant que de la honte à y gagner, il le priait de faire ses réflexions. Mais Bonivet, pour le décider, lui

promit de lui envoyer un secours de gens de
pied, l'assurant qu'il ne sortirait pas de Milan
une *souris* sans qu'il en fût averti par ses espions. Enfin, soit par belles paroles ou d'autorité, il le détermina à se rendre avec son monde
dans ce misérable village de Rebec, où non
seulement il n'y avait aucune fortification, mais
encore où il était impossible d'en faire, sinon
quelques barrières aux entrées. Quand Bayard
y fut arrivé, et qu'il connut par ses yeux le danger du poste où il était, il écrivit lettres sur
lettres pour avoir le renfort que l'amiral lui
avait promis, et qu'il ne lui envoya point. Alors
il ne douta plus que ce général ne l'eût envoyé
là pour le faire périr.

Le général espagnol don Ferdinand-Fran-
çois d'Avalos, marquis de Pescaire, avait un soldat nommé Lupon, d'une force et d'une vitesse
extraordinaires à la course, qui se chargea de
lui donner des nouvelles sûres de l'état des
Français à Rebec. Ce soldat, accompagné d'un
seul arquebusier, se coula sans être aperçu jusqu'à une sentinelle française; il prit l'homme à
brasse-corps, le chargea sur ses épaules, et s'en
fut aussi légèrement que s'il n'eût rien porté.
On lui tira quelques coups d'arquebuse, mais
son camarade empêcha qu'on ne le suivît. Lupon

apporta le Français au marquis de Pescaire, et le mit à ses pieds si effrayé qu'il ne pouvait encore parler. C'était un fou et un jureur, qui se donnait cent fois le jour au diable, et qui crut dans ce moment avoir été pris au mot, et que le diable l'emportait. Enfin, revenu de sa frayeur, avec bien du temps et de la peine, il instruisit le marquis de la situation où se trouvait Bayard, et du nombre de son monde. Sur ce rapport, le marquis se détermina à surprendre les Français dès la nuit suivante, et, à avoir le chevalier mort ou vif.

Il mit aux champs, entre minuit et une heure, environ sept mille hommes de pied et quinze cents hommes d'armes, guidés par des gens du village même, et qui en connaissaient toutes les avenues. Bayard, qui ne pouvait être tranquille dans un si mauvais poste, faisait faire le guet la nuit par la moitié de ses gens, et lui-même en avait déjà passé trois sans reposer. Il tomba malade de froid, de fatigue et de peines d'esprit; en sorte que, forcé de rester à la chambre, il chargea quelques-uns de ses capitaines de faire le guet et de se relever les uns les autres, mais ils n'en firent rien et s'allèrent coucher, ne laissant pour leur garde que trois ou quatre misérables archers. Les Espagnols qui, pour se reconnaître avaient tous une chemise par dessus leurs habits, s'approchèrent du village, bien étonnés de ne rencontrer personne. Leur première idée fut que Bayard, instruit de leur projet, s'était retiré à Biagrasso; mais ayant fait environ cent pas, ils trouvèrent ses archers faisant le guet, lesquels s'enfuirent criant : Alarme, alarme ! Les Espagnols les suivirent, et furent aussitôt qu'eux aux barrières. Bayard, qui connaissait tout le danger où il était, se reposait tout vêtu : il fut bientôt sur pied et à cheval, et vint à la barrière où était l'alarme, accompagné de cinq ou six de ses hommes d'armes. Un moment après arriva à son secours le capitaine de Lorges avec sa troupe de gens de pied qui firent des merveilles.

Pendant ce choc, les Espagnols parcouraient tout le village, cherchant le logis de Bayard; car ils ne voulaient autre chose que sa personne, et s'ils eussent pu le prendre, ils s'en seraient retournés contents comme d'une victoire complète. Tandis qu'ils le cherchaient, il était à la défense de la barrière, et de là il entendit le bruit du tambour, et jugea du nombre des gens de pied ennemis. Il prit son parti de se retirer le mieux qu'il pourrait, et dit au capitaine de Lorges : « Compagnon, mon ami, la partie n'est pas égale ; s'ils passent les barrières, nous sommes tous perdus : laissons-leur nos équipages, et sauvons les hommes ; faites retirer les vôtres, et marchez serrés tant que vous pourrez, et moi avec mes hommes d'armes je ferai l'arrière-garde. » Tout cela fut bien et heureusement exécuté, sans qu'il y fût perdu que neuf ou dix hommes, et environ cent cinquante chevaux qui restèrent aux ennemis avec quelques valets.

La barrière forcée, les Espagnols parcoururent toutes les maisons, croyant y trouver ce qu'ils cherchaient ; mais Bayard était déjà à Biagrasso, où il eut de très vives paroles avec l'amiral : et s'il eût vécu il lui aurait très certainement fait mettre l'épée à la main.

Peu après, l'amiral qui n'avait pas assez de forces pour résister à celles de l'empereur, et qui, au contraire, voyait tous les jours son armée diminuer par les maladies, assembla le conseil de guerre. Le résultat fut qu'il n'y avait rien de mieux à faire, en l'état où ils étaient, que de se retirer. L'ordonnance de la retraite y fut réglée, suivant laquelle l'amiral et Bayard se tinrent à l'arrière-garde, et intimidèrent tellement les ennemis qu'ils n'osaient les approcher, mais les saluaient de loin à coups de mousquets, d'arquebuses et de fauconneaux. Le lendemain les Français continuèrent à se retirer, et les ennemis à les suivre. Ceux-ci avaient jeté sur les deux bords du chemin nombre d'arquebusiers, à la faveur desquels, sur les huit heures du matin, ils firent une furieuse charge, en laquelle fut blessé le seigneur de Vandenesse, lequel mourut peu après de sa blessure, regretté de toute l'armée. L'amiral reçut un coup dans le bras, et fut obligé de se mettre dans une litière et de se retirer, laissant toute la charge à Bayard, auquel il dit : *Je vous prie et conjure, pour l'honneur et la gloire du nom français, que vous défendiez aujourd'hui l'artillerie et les enseignes que je vous remets et consigne entièrement à votre fidélité, valeur et sage conduite, puisqu'il n'y a personne dans l'armée du roi qui soit plus capable que vous, pour la valeur, l'expérience et le conseil.* A quoi Bayard répondit en homme encore piqué, qu'il aurait souhaité qu'il lui eût fait cet honneur dans une autre occasion plus favorable et moins dangereuse ; mais, ajouta-t-il, *quoi qu'il en soit, je vous assure que je les défendrai si bien que tant que je serai vivant, elles ne viendront jamais au pouvoir des ennemis.* En effet, il fit pendant deux heures tant et de si vigoureuses charges sur les Espagnols, qu'il les obligeait à rejoindre d'abord le corps de leur armée, et puis il revenait avec ses hommes d'armes d'un air aussi tranquille que s'il eût été dans un jardin, et tout au petit pas. Il avait auprès de lui le jeune prince de Vaudemont, qui, pour son coup d'essai à la guerre, allait à la charge en homme consommé dans le métier.

L'artillerie et les enseignes étaient en sûreté, lorsqu'enfin, sur les dix heures du matin, il fut tiré un coup d'arquebuse à croc, dont la pierre vint frapper Bayard au côté droit et lui rompit l'épine du dos. Quand il sentit le coup, son premier cri fut : *Jésus! ah! mon Dieu je suis mort!* ensuite il baisa la croix de son épée en guise de crucifix. Ses gens le voyant chanceler allèrent à lui, et voulurent le retirer de la mêlée : son ami d'Alègre l'en pressa beaucoup, mais il ne voulut pas le permettre. — C'est fait de moi, leur disait-il, je suis mort, et ne veux pas dans mes derniers moment tourner le dos à l'ennemi pour la première fois de ma vie. Il eut encore la force d'ordonner que l'on allât à la charge, voyant que les Espagnols commençaient à s'avancer; puis il se fit descendre, à l'aide de quelques Suisses, au pied d'un arbre, *en sorte* disait-il, *que j'aie la face regardant les*

ennemis. Son maître d'hôtel, qui était un jeune
gentilhomme dauphinois, nommé Jacques Joffrey
de Milieu, fondait en larmes auprès de lui,
ainsi que ses autres domestiques. Bayard les
consolait lui-même : « C'est, disait-il, la
volonté de Dieu de me retirer à lui; il m'a conservé en ce monde assez longtemps, et m'a fait
plus de bien et de grâces que je n'en ai jamais
mérité. » Ensuite, faute de prêtre, il se confessa
à son gentilhomme, à qui il recommanda qu'on
le laissât en la place où il était, parce qu'il ne
pouvait se remuer sans ressentir des douleurs
insupportables.

Le seigneur d'Alègre, prévôt de Paris, lui
demanda et reçut ses dernières volontés, et un
capitaine suisse (Jean Diesbach) s'offrit à le faire
enlever de là, de peur qu'il ne tombât au pouvoir des ennemis ; mais il lui répondit, et à
tous les officiers qui l'environnaient : « Laissez-
moi le peu que j'ai à vivre pour penser à ma
conscience ; je vous supplie vous-même de vous
retirer, de peur d'être faits prisonniers ; ce serait pour moi un surcroît de douleur si cela
arrivait ; c'est fait de moi, vous ne sauriez me
soulager en vain ; tout ce que je vous demande,
seigneur d'Alègre, c'est d'assurer le roi que je
meurs son serviteur, sans autre regret que de

ne lui pouvoir plus rendre mes services ; présentez mes respects à tous mes seigneurs les princes de France et à tous les gentilshommes et capitaines. Adieu, mes bons amis, je vous recommande ma pauvre âme. » Alors tous se retirèrent et prirent de lui le dernier congé, avec des cris et des gémissements qui furent entendus de l'armée ennemie, au pouvoir de laquelle il demeura.

Dans le moment arriva auprès de lui le marquis de Pescaire, chef espagnol qui, les larmes aux yeux, lui dit ces belles paroles : « Plût à Dieu, seigneur de Bayard, avoir donné de mon sang ce que j'en pourrais perdre sans mourir, et vous avoir mon prisonnier en bonne santé ; vous connaîtriez bientôt combien j'ai toujours estimé votre personne, votre bravoure et toutes les vertus qui sont en vous, et que depuis que je me mêle des armes je n'ai jamais connu votre pareil. » Aussitôt ce seigneur fit apporter son propre pavillon avec son lit, le fit tendre autour du mourant, et lui-même aida à l'y coucher en lui baisant les mains. Il lui donna une garde pour qu'il ne fût ni fouillé, ni pressé, et lui-même amena un prêtre, auquel Bayard se confessa avec une connaissance parfaite et une piété édifiante. Oh! généreux mar-

quis, digne d'une mémoire éternelle! la postérité
dira de vous, tant que le nom de Bayard subsis-
tera, que la vertu a ses droits sur les grands
cœurs, même ennemis.

Toute l'armée espagnole s'empressa, depuis
le plus grand jusqu'au plus petit, à venir admirer
ce héros expirant. Le connétable de Bourbon,
qui, comme nous l'avons dit, était passé au service de l'empereur, y vint comme les autres,
et lui dit : « Ah! capitaine Bayard, que je suis
marri et déplaisant de vous voir en cet état; je
vous ai toujours aimé et honoré pour la grande
prouesse et sagesse qui est en vous; ah! que
j'ai grande pitié de vous. » Bayard rappela ses
forces, et lui dit d'une voix assurée : « Monseigneur, je vous remercie, il n'y a point de pitié
en moi qui meurs en homme de bien, servant
mon roi; il faut avoir pitié de vous qui portez
les armes contre votre prince, votre patrie et
votre serment. » Le connétable resta un peu
de temps avec lui, et l'entretint des raisons qu'il
avait eues de sortir du royaume; mais Bayard
l'exhorta à rechercher les bonnes grâces du roi
et à recouvrer l'honneur.

Bayard, demeuré seul, ne pensa plus qu'à
mourir; il récita dévotement le psaume *Mise-
rere mei, Deus*, après lequel il prononça à

haute voix cette prière : « Mon Dieu, qui avez promis un asile dans votre miséricorde aux plus grands pécheurs qui retourneraient à vous sincèrement et de tout leur cœur, je mets en vous toute ma confiance et toute mon espérance dans vos promesses. Vous êtes mon Dieu, mon Créateur, mon Rédempteur. Je confesse vous avoir mortellement offensé; mille ans de jeûne au pain et à l'eau dans le désert ne pourraient acquitter mes fautes; mais, mon Dieu, vous savez que j'étais résolu d'en faire pénitence, si vous m'eussiez conservé la vie; je sens toute ma faiblesse, et je sais que par moi-même je n'aurais jamais pu mériter l'entrée en votre paradis, et que nulle créature ne peut l'obtenir que de votre infinie miséricorde... Mon Dieu, mon Père, oubliez mes fautes, n'écoutez que votre clémence... que votre justice se laisse fléchir par les mérites du sang de Jésus-Christ... » La mort lui coupa la parole. Son premier cri, quand il se sentit blessé à mort, fut le nom de Jésus, et ce fut en invoquant ce nom adorable que le héros rendit son âme à son Créateur, le 30 avril 1524, âgé de quarante-huit ans.

Tous les écrivains qui ont eu lieu de parler de Bayard, soit de son temps ou depuis sa mort, français, allemands, espagnols, italiens ou autres,

amis ou ennemis, se sont accordés, sans aucune
exception, à le louer de toutes les vertus qui
peuvent décorer l'humanité, et qu'il a toutes
réunies : la piété, la charité, la modestie, la
générosité, la valeur, la grandeur d'âme dans
le péril, l'intrépidité, la bonté dans la victoire,
le désintéressement, le talent d'obéir et celui de
commander, la justesse du conseil, la fécondité
pour les expédients, la fidélité pour ses rois,
pour sa patrie et pour ses devoirs; il avait tout, et
ses vertus ne peuvent être mieux exprimées que
par le surnom que son siècle même lui a dé-
cerné, de *chevalier sans peur et sans reproches*.

Des Tournois.

Tous les peuples qui ont aimé la guerre, et qui en ont fait le principal but de leur gloire, ont tâché de s'y rendre adroits par les exercices militaires. Ils ont cru qu'ils ne devaient pas s'engager d'abord dans les combats, sans en avoir appris les maximes et les règles. Ils ont voulu former leurs soldats, et leur apprendre à manier les armes, avant que de les employer contre leurs ennemis : *Ars enim bellandi, si non præluditur, cum necessaria fuerit, non habetur,* dit Cassiodore. C'est pour cette raison que saint Isidore écrit que les Goths, qui étaient estimé grands guerriers, *in armorum artibus spectabiles,* avaient coutume de s'exercer par des combats innocents : *Exercere enim sese telis, ac prœliis prœludere maxime diligunt, ludorum certamina usu quotidiano gerunt.*

Les Français qui ont été effectivement les plus belliqueux d'entre toutes les nations, les ont aussi cultivés plus que les autres. Ce sont eux qui sont les inventeurs des tournois et des joûtes, qu'ils n'ont mis en usage que pour tenir les gentilshommes en haleine, et pour les préparer pour les combats. Ce qui a fait dire à un poète de ce temps :

> Ante homines domuisse feras gens Gallica ab olim
> Sanxit, et ad duros belli armorumque labores
> Exercere, domi rigidæ prœludia pugnæ.

Alexandre Necham, Lazius, Chifflet et autres auteurs estiment que le nom, aussi bien que l'origine des tournois, vient de ces courses de chevaux des anciens qui sont nommés *Trojæ*, et *Troijan ludi*, et qui furent inventées premièrement par Enée, lorsqu'il fit inhumer Anchise son père dans la Sicile, d'où ces courses passèrent ensuite chez les Romains. On ne peut pas douter que ces jeux Troyens n'aient beaucoup de rapport avec les tournois, comme on peut recueillir de la description que Virgile nous en a donnée : car ils ne consistaient pas dans de simples courses de chevaux, comme le P. d'Ou-

treman a écrit, puisque Virgile témoigne assez
le contraire par ces vers :

> — pugnæque cient simulacra sub armis,
> Et nunc terga fugæ mandant, nunc spicula vertunt
> Infensi : factâ pariter nunc pace feruntur.

Il est constant toutefois, qu'il se faisait d'autres
exercices dans les tournois et d'autres combats.
Il est même probable que le nom de tournois ne
vient pas de *troja, quasi trojamentum*, comme
les auteurs que je viens de nommer ont écrit,
mais plutôt du mot français *tourner*, qui signifie
marcher ou courir en rond. C'est ainsi que
Papias interprète ce mot de *tornat, in gyrum
mittit*. Terme qui ne semble pas nouveau, puisque Paul Diacre et l'empereur Maurice en ses
tactiques nous apprennent que celui de *torna*
était en usage dans les combats, pour obliger
les soldats à tourner aux occasions qui se présentaient. Aussi plusieurs estiment que ces
femmes qui sont appelées *tornatrices*, dans
Hincmar, ont ce nom à cause qu'elles dan-
saient en rond. C'est encore de là que nos
anciens Français ont emprunté le mot de *retur-
nar*, qui se trouve dans le traité de paix entre
Louis et Charles-le-Chauve son frère, et de
retornare dans les capitulaires du même Charles-

le-Chauve, qui est à présent commun parmi nous pour *revenir de quelque endroit.*

Ces exercices militaires ont été en usage parmi nos premiers Français : du moins Nithard nous apprend qu'ils étaient connus sous la féconde race de nos rois. Car décrivant l'entrevue de Louis, roi d'Allemagne, et de Charles-le-Chauve, roi de France, en la ville de Strasbourg, et racontant comme ils se donnèrent toutes les marques d'une amitié réciproque, il ajoute que pour rendre cette assemblée plus solennelle, il se fit des combats à cheval entre les gentilshommes de la suite des deux princes, pour donner des preuves de leur adresse dans les armes.

Cependant les anciennes chroniques en attribuent l'invention à Geoffroy, seigneur de Preuilly, qui fut père d'un autre Geoffroy qui donna l'origine aux comtes de Vendôme. Celle de Tours rend ce témoignage de lui : « Anno 1066, *Gaufridus de Pruliaco torneamenta invenit, apud Andegavum occiditur.* Et celle de saint Martin de Tours : *Anno Henrici Imp. 7 et Philippi regis 6, fuit prodictio apud Andegavum, Gaufridus de Pruliaco et alii barones occisi sunt. Hic Gaufridus de Pruliaco torneamenta invenit.* D'autre part nous lisons dans Lambert d'Ardres que Raoul, comte de Guines, fils du comte

Adolphe, étant venu en France pour y fréquenter les tournois, reçut dans un de ces combats, un coup mortel qui lui fit perdre la vie. Or, Raoul vivait avant Geoffroy de Preuilly : car le même auteur écrit qu'Eustache, son fils, ayant appris la mort de son père, vint aussitôt en Flandre, et fit hommage de son comté au comte Baudouin-le-Barbu, qui tint le comté de Flandre depuis l'an 989 jusqu'en l'an 1034.

De sorte que j'estime que ce seigneur n'inventa pas ces combats et ces exercices militaires, mais qu'il fut le premier qui en dressa les lois et les règles, et même qui en rendit la pratique plus commune et plus fréquente. Ce qui est d'autant plus probable, que nous ne lisons pas le mot de tournois avant ce temps-là. D'ailleurs la plupart des écrivains étrangers reconnaissent ingénuement que les tournois étaient particuliers aux Français. C'est pourquoi ils sont appelés par Mathieu Pâris *conflictus gallici*, les combats ordinaires des Français. Raoul de Coggeshall en sa chronique manuscrite rend le même témoignage, écrivant que Geoffroy de Mandeville mourut en la ville de Londres d'une blessure qu'il reçut, *dum more Francorum, hastis, vel scutis, sese cursim equitantes vicissim impeterent.*

Aussi les auteurs ont remarqué que les Français ont été adroits en ces exercices plus que les autres nations. Le comte Balthazar de Castillon, en son *Courtisan*, parle de cette adresse de notre nation. *Nel torneare, tener un passo, combatere una sharra.* Et comme la lance était la principale arme, dont on se servait en cette sorte de combat, ils y ont toujours excellé : ce qui a donné sujet à Foucher de Chartres de dire qu'ils étaient *probissimi bellatores, et mirabiles de lanceis percussores.* Albert d'Aix fait une description de leurs lances : et Anne Comnène, Nicetas, et Cinnamus rendent cet hommage à la noblesse française d'avoir eu une adresse toute particulière pour les manier, et pour s'en servir dans les occasions.

Les Anglais empruntèrent des Français l'usage des tournois qui ne commencèrent à être connus d'eux, que sous le règne du roi Etienne. Roger de Howeden et Brompton confirment cette remarque, racontant que Geoffroy, comte de Bretagne, ayant été fait chevalier par le roi Henri II son père, passa de l'Angleterre en Normandie, et que dans les confins de cette province et de celles de France, il se trouva dans les tournois, où il et la satisfaction de se voir rangé au nombre des chevaliers qui excellaient dans ces sortes de combats. Mais le roi Richard fut le premier qui en introduisit la pratique dans l'Angleterre. Car cet illustre prince considérant que les Français étaient d'autant plus vaillants, qu'ils étaient exercés, *tanto esse acriores, quanto exercitatiores atque instructiores, sui quoque regni milites in propriis finibus exerceri voluit, ut ex bellorum solemni prœludio, verorum addiscerent artem usumque bellorum, nec insultarent Galli Anglis militibus, tanquam rudibus et minus gnaris.* Mathieu Pâris dit la même chose, ce qu'il semble rapporter à l'an 1194. *Eodem tempore rex Richardus in Angliam transiens, statim per loca certa torneamenta fieri, hac fortasse inductus ratione, ut milites regni utriusque concurrentes vires suas flexis in gyrum frenis experirentur ; ut si bellum adversus Crucis inimicos, vel etiam finitimos movere decernerent, agiliores ad prœlium, et exercitatiores redderentur.* Mais ce grand roi est blâmé de ce que voyant l'ardeur extraordinaire que les siens avaient pour se trouver à ces exercices militaires, il en prit occasion pour lever de l'argent sur ceux qui voudraient y aller : *Rege id decernente, et a singulis qui exerceri vellent indictæ pecuniæ modulum exigente.*

Les Allemands ne mirent pareillement les

tournois en usage, qu'après qu'ils les eurent reçus des Français. Je sais bien que Modius en fait l'origine beaucoup plus ancienne en ces pays là, nous ayant donné des tournois qui furent célébrés en Allemagne longtemps avant Geoffroy de Preuilly. Mais aussi ceux qui sont tant soit peu versés dans l'histoire n'ignorent pas que ce livre est rempli de fables, et il faut avouer que son auteur a passé les bornes de l'impudence, lorsqu'il nous a donné un Antoine, marquis de Pont-à-Mousson, Claude, comte de Tolouse, Paul, duc de Bar, Ligore, comte de Bourgogne, Sigismond, comte d'Alençon, Louis, comte d'Armagnac, Philippe, comte d'Artois, Antoine, comte de Boulogne, et autres princes imaginaires qui se trouvèrent, à ce qu'il dit, avec l'empereur Henri Ier en la guerre contre les Hongrois. Il est bien vrai que Munster a écrit que les tournois commencèrent à paraître dans l'Allemagne en l'an 1306, en laquelle année il s'en fit un dans la ville de Magdebourg. Que si ce qu'il dit est véritable, cela se fit au même temps que Geoffroy de Preuilly les inventa, n'étant pas hors de probabilité de croire que les Allemands en apprirent l'usage de lui, au même temps que les Français.

Mais entre tous les auteurs qui ont écrit des

tournois, les Grecs avouent franchement que
ceux de leur nation en ont tiré la pratique des
Latins, c'est-à-dire des Français, qui en furent
les inventeurs. Jean Cantacuzène désigne dis-
tinctement le temps auquel on commença à user
des tournois dans l'empire d'Orient : savoir
lorsque Anne de Savoie, fille d'Amé IV, comte
de Savoie, vint à Constantinople pour y épouser
le jeune Andronique Paléologue, empereur (ce
mariage se fit en l'an 1326), car alors la noblesse
de Savoie et de France, qui avait accompagné
ce prince, fit des tournois dans cette capitale de
l'empire, et en apprit ainsi l'usage aux Grecs.

Mais il y a lieu de douter si les tournois ne
commencèrent à être célébrés dans l'empire
Grec que depuis ce temps-là. Car Nicetas nous
apprend que l'empereur Manuel Comnène étant
à la ville d'Antioche, les Grecs combattirent
contre les Latins dans un tournois, et lui-même
voulant faire voir qu'il ne cédait en rien aux
Français dans la dextérité à manier la lance, il
s'y trouva, et y combattit avec ceux de sa nation.
Il y a même lieu de croire que ce prince le mit
en usage dans ses Etats. Car Cinnamus écrit
qu'étant parvenu à l'empire, il enseigna à ses
peuples une nouvelle façon de combattre, leur
ordonnant d'user à l'avenir de longs écus, au

lieu de ronds, d'apprendre à manier de longues lances, comme les Français, et à monter à cheval, puis il les obligea de s'exercer entre eux par des combats innocents, qui ne sont autres que les tournois.

Le principal but de l'usage des tournois était pour exercer ceux qui faisaient profession des armes, pour apprendre à les manier, et à monter à cheval, et pour donner des preuves de leur valeur : *pro solo exercitio atque ostentatione virium*, ainsi qu'écrit Guillaume de Neubourg, et enfin : *ut ex solemni bellorum prœludio verorum addisceretur ars ususque bellorum*. Car il est malaisé de faire de belles actions dans les combats, si on n'a passé par les exercices militaires, et si on n'a fait les épreuves nécessaires pour entreprendre un métier si difficile et si dangereux.

Comme donc on ne combattait aux tournois que pour y apprendre le métier de la guerre et pour s'y exercer, aussi on n'y employait aucunes armes qui pussent blesser ceux qui entraient en lice. Dion écrit que l'empereur Marc-Aurèle voulut que les gladiateurs usassent d'épées dont les pointes seraient émoussées et rabattues, et au bout desquelles il y aurait un bouton. Senèque appelle cette sorte d'armes *lusoria arma*,

lusoria tela, et nos Français *des glaives courtois,*
c'est-à-dire des lances innocentes sans aucune
pointe de fer. Le *Traité des Chevaliers de la
Table ronde*, dit que ces chevaliers « ne por-
toient nulles espées, fors glaives courtois qui
estoient de sapin, ou d'if, avec cours fers, sans
estre tranchans, ne esmolus. » Même les *diseurs,*
ou les juges des tournois, faisaient faire serment
aux chevaliers qui y devaient combattre, « qu'ils
ne porteraient épées, armures, ne bastons
affustiez, ne enfonceraient leurs armes, ne esta-
quettes assises par iceux diseurs, » ainsi qu'il
est porté dans un Traité manuscrit des tournois,
mais combattraient « à espées sans pointe et
rabattuës, et auroit chascun tournoyant un baston pendu à sa selle, et feroit des dites espées
et baston tant qu'il plairoit aux dits diseurs. »
Un autre Traité des tournois ajoute que les
chevaliers « tournoioient d'espées rabattuës, les
taillans et pointes rompuës, et de bastons tels
que à tournoy appartient, et devoient frapper
de haut en bas sans tirer ne sans saquier. » Le
cri des tournois, dans Jacques Valère, en son
Traité de la noblesse, porte que les tornoyants
doivent être « montez et armez de nobles harnois
de tournoy, chascun armoié de ses armes, en
hautes selles, pissiere, et chanfrain, pour tour-

noyer de gracieuses espées, rabattuës, et pointes brisées, et de cours bastons. » Et plus bas, il est dit qu'ils devaient « frapper du haut en bas sans le boucter d'estocq, ou hachier, ne tournoyer mal courtoisement. Car en ce faisant il ne gaigneroient rien, ne point de prix d'armes n'auroient, mais l'amenderoient au dit des juges. » Un ancien auteur écrit à ce sujet que *torneamentum percutiendo non etiam infringendo juxta solitum exercetur.* Si donc le tournoyant en avait usé autrement, il était blâmé par les juges du tournois. Mathieu Pâris en l'an 1252, dit que Roger de Lemburne, chevalier Anglais, ayant blessé mortellement à la gorge Hernaud de Montigny de la pointe d'une lance non émoussée, quoi qu'il se dît innocent fut néanmoins soupçonné d'avoir usé de trahison en cette occasion ; mais s'il arrivait que quelqu'un eût blessé, ou tué son adversaire avec les armes ordinaires du tournois, pourvu qu'il n'eût rien fait contre les lois du tournois, il ne recevait aucun blâme.

Ceux qui étaient commis en cette qualité de juges des tournois mesuraient et examinaient les lances des chevaliers et leurs autres armes, et prenaient garde si elles n'étaient pas liées à leurs selles, ce qui était défendu par les lois des tournois, comme il est exprimé au Traité MS., que je viens de citer : « à laquelle entrée se tiennent les susdits deux juges et officiers d'armes de la marche, lesquels ravissent leurs épées, pour savoir si elles sont raisonnables, et aussi le bâton s'il est de muison. »

Quoique les inventeurs des tournois, et de leurs lois, semblent avoir apporté toutes les précautions nécessaires pour éviter les inconvénients qui en pouvaient arriver, souvent néanmoins il en survenait de grands par la chaleur du combat, ou par la haine et la jalousie des tournoyants. Car il y en avait qui, n'étant pas maîtres d'eux-mêmes, se laissaient emporter à la passion et à l'ardeur qu'ils avaient de vaincre, et qui, n'observant pas entièrement les règles qui leur étaient prescrites, faisaient tous leurs efforts pour renverser leur adversaire, de quelque manière que ce fût. Il y en avait d'autres qui prenaient ces occasions pour se venger de leurs ennemis. C'est pourquoi on jugea à propos d'obliger ceux qui se faisaient faire chevaliers de faire serment qu'ils ne fréquenteraient les tournois, que pour y apprendre les exercices de la guerre. Car souvent ces combats qui d'abord ne se faisaient que par divertissement, et pour s'exercer, se tournaient en querelles, et en de véritables guerres. Henri Knighton parlant du tournois qui se fit à Châlon en l'an 1274, où le roi Édouard avec les Anglais combattit contre le comte de Châlon et les Bourguignons, dit que les deux partis s'y portèrent avec tant de chaleur et de jalousie, que plusieurs y demeurèrent sur la place, *adeo ut non torneamentum, sed parvum bellum de Chalon communiter diceretur.* Et Mathieu Pâris racontant un autre tournois en l'an 1241 : *Fuerunt autem ibidem multi tam milites quam armigeri vulnerati, et clavis cæsi, et graviter læsi, eo quod invidia multorum ludum in prælium commutavit.*

Les histoires sont remplies de ces funestes accidents qui arrivaient aux tournois. Raoul, comte de Guines, y perdit la vie au récit de Lambert d'Ardres. Robert de Jérusalem, comte de Flandre y fut blessé à mort. Geoffroy de Mangneville, comte d'Essex, en Angleterre, y fut tué en l'an 1216. Florent, comte de Hainaut, et Philippe, comte de Bologne et de Clermont, périrent pareillement au tournois qui fut tenu en la ville de Corbie en l'an 1223, comme aussi le comte de Hollande à celui qui fut tenu à Neumague l'an 1234. Gilbert, comte de Pembrock, en l'an 1241. Hernaud de Montigny, chevalier anglais, en l'an 1252. Jean, marquis de Brandebourg, en l'an 1269. Le comte de Clermont y fut tellemen tblessé qu'il en perdit l'esprit, l'an 1279. Louis, fils du comte Palatin du Rhin, y perdit la vie en l'an 1289. Jean, duc de Brabant, en l'an 1294. Et plusieurs autres personnes de condition que je passe, dont les auteurs font mention.

Ces funestes accidents donnèrent occasions aux papes d'interdire les tournois, avec de grièves peines, excommuniant ceux qui s'y trouveraient, et défendant d'inhumer dans les cimetières sacrés ceux qui y perdraient la vie. Innocent II, Eugène III, et après eux Alexandre III au Concile de Latran de l'an 1139, furent les premiers qui fulminèrent leurs anatbèmes, déclamant contre les tournois, et les appelant *detestabiles nundinas vel ferias, quas vulgò torneamenta vocant, in quibus milites ex condicto convenire solent, et ad ostentationem virium suarum et audaciæ temere congrediuntur, unde mortes hominum et pericula animarum sæpe proveniunt.* Innocent III les interdit pareillement pour cinq ans sous peine d'excommunication. C'est ce qui a fait dire à Cæsarius qu'il ne faisait pas de difficulté d'avancer que ceux qui étaient tués dans les tournois étaient damnés. Il parle ensuite d'une vision qu'un prêtre Espagnol eut de quelques chevaliers qui avaient été tués dans les tournois, qui demandaient d'être secourus par les prières des fidèles. A quoi l'on peut rapporter une autre vision, dont Mathieu Pâris parle en l'en 1228, écrivant, que Roger de Toëny, vaillant chevalier, apparut à Raoul son frère, et lui tint ce discours : *Jam et pœnas vidi malorum, et gaudia beatorum : nec non supplicia magna, quibus miser deputatus sum, oculis meis conspexi. Væ, væ mihi, quare unquam torneamenta exercui, et ea tanto studio dilexi.* La grande *Chronique de Belgique,* raconte qu'en l'an 1240 il se fit un tournois à Nuis près de Cologne après la Pentecôte, où soixante, tant chevaliers qu'écuyers ayant perdu la vie, pour avoir été pour la plupart suffoqués de la poussière, on entendit après leur mort les cris des démons, qui y parurent en guise de corbeaux et de vautours au-dessus de leurs corps. C'est dans les termes de ces conciles, que les tournois sont appelés par saint Bernard, l'auteur de sa vie, Cæsarius et Lambert d'Ardres, *nundinæ execrabiles et maledictæ.*

Innocent IV n'apporta pas moins de rigueur pour abolir les tournois, que ses prédécesseurs. Mais ne pouvant empêcher entièrement l'usage, il les défendit pour trois ans au concile tenu à Lyon l'an 1245, prenant pour prétexte qu'ils empêchaient les gentilshommes d'aller aux guerres d'outre-mer. On prenait encore celui de la dépense que les chevaliers faisaient dans ces occasions, que l'on tâchait d'arrêter, aussi bien que toutes les autres, comme superflues, et qui les mettaient dans l'impuissance de fournir à celles qu'il leur fallait faire pour les guerres saintes. Et véritablement les gentilshommes faisaient de prodigieuses dépenses dans ces rencontres, soit à cause de la magnificence de leurs habits, et de leurs suites, et le prix de leurs chevaux, que parce qu'ils étaient souvent obligés d'entreprendre de longs voyages pour en aller chercher les occasions.

Le pape Nicolas IV témoigna le même zèle pour éteindre les tournois, particulièrement en France, où ils se faisaient plus fréquemment que dans les autres royaumes, excommuniant ceux qui contre-viendraient à ses défenses. Et sur ce que le cardinal de Sainte-Cécile, légat du Saint-Siége, qui les avait fait publier, en accorda la surséance pour trois ans à la prière du roi, il l'en reprit aigrement par la lettre qu'il lui écrivit, qui est insérée dans les *Annales Ecclésiastiques.*

Clément V interdit pareillement les tournois, principalement à cause du dessein qu'il avait de faire entreprendre aux princes chrétiens la guerre contre les infidèles. Sa bulle est datée à Peraen de Granfille, près de Malaufane au diocèse de Bazas, le 14 de septembre.

Mais l'ardeur de la noblesse était si grande pour les occasions qui s'offraient de donner des preuves de sa valeur dans les temps de paix, qu'il n'y avait point d'anathème, ni de bulle des Papes qui en pût arrêter le cours. Ce qui a fait dire à Guillaume de Neubourg : *Licet solemnem illum tironum concursum tanta sub gravi censura veluerit Pontificum autoritas, fervor tamen juventum armorum vanissimam affectantium gloriam, gaudens favore principum probatos habere tirones volentium, ecclesiasticæ provisionis sprevit decretum.*

Comme le péril qui se trouvait dans les combats des tournois était si grand, que cela a donné premièrement sujet aux papes de les interdire sous peine d'excommunication, l'on jugea aussi à propos d'en dispenser au moins les souverains, les princes de leur sang, à cause de l'importance de leurs personnes. Du Tillet raconte que le roi Philippe-Auguste prit au mois de mai l'an 1209, le serment de Louis de France

son fils aîné, et de Philippe comte de Bologne
son autre fils, qu'ils n'iraient en aucun tournois
sans son congé, sous prétexte d'y faire signaler
leur valeur, et d'y remporter le prix : leur per-
mettant toutefois que s'il s'en faisait quelqu'un
près d'eux, d'y aller, sans y porter les armes
comme chevaliers, mais seulement avec l'hale-
cret et l'armet. Pétrarque écrivant à Hugues
marquis de Ferrare, dit qu'il n'appartient qu'à de
simples chevaliers de se trouver aux tournois,
qui n'ont pas d'autres moyens, ni d'autres occasions pour donner des preuves de leur valeur
et de leur adresse, et dont la mort est de petite
conséquence. Mais que les princes pouvant faire
éclater leur courage en mille autres rencontres,
et d'ailleurs leur vie étant importante à leurs
peuples, s'en doivent abstenir.

Nous lisons néanmoins que souvent, non
seulement les princes de haute condition se
sont trouvés à ces exercices militaires, et qu'il
y ont combattu comme simples chevaliers, mais
même les empereurs et les rois. Nicetas écrit
que l'empereur Manuel Comnène avec les Grecs
combattit au tournois qui se fit à Antioche par
le prince Raymond, et qu'il jeta par terre d'un
seul coup de lance deux chevaliers Français,
lesquels il renversa l'un sur l'autre. L'empereur

Andronique Paléologue le Jeune combattit en personne au tournois qu'il fit à Didymotique pour la naissance de Jean son fils. Edouard III, roi d'Angleterre combattit en un tournois dans la ville de Châlon, comme j'ai remarqué. Froissart dit que Charles VI, aux noces de Guillaume de Hainaut avec Marguerite de Bourgogne, solennisées à Cambrai, l'an 1385, « jousta à un chevalier de Hainaut, qui s'appeloit Nicole d'Espinoit. » Le roi François Ier et Henri VIII roi d'Angleterre, à leur entrevue qui se fit entre Ardres et Guines l'an 1250, combattirent au tournois qui s'y fit. Enfin le roi Henri II joûta à Paris contre le comte de Montgomery, et reçut une blessure en l'œil, dont il mourut.

Les princes séculiers interdirent aussi quelquefois les tournois, mais pour d'autres raisons que celles qu'eurent les papes. Guillaume de Nangis écrit que saint Louis, ayant reçu du pape, en l'an 1260, les nouvelles de la défaite des chrétiens dans la Terre-Sainte, et dans l'Arménie par les infidèles, fit faire des prières publiques, défendit les tournois pour deux ans, et ne voulut point qu'on s'adonnât à d'autres jeux, qu'à l'exercice de l'arc et de l'arbalète. Le roi Philippe-le-Hardi prorogea les défenses qui avaient été faites pour un temps, des joûtes et

Bayard.   9

des tournois, par une ordonnance qui fut enregistrée au parlement le jour de la Pentecôte l'an 1280. Ces prohibitions se firent particulièrement durant les guerres que nos rois avaient avec leurs voisins, comme on peut recueillir des ordonnances de Philippe-le-Bel des années 1304 et 1305.

Philippe-le-Long prohiba pareillement les tournois par une ordonnance générale du 23 jour d'octobre l'an 1318, et dans une autre particulière du 8 de février de l'année suivante adressée au bailli de Vermandois. Le roi rend la raison de sa défense en ces termes : « Quar se nous les souffrions à faire, nous ne pourrions avoir les nobles de notre royaume si prestement pour nous aidier à notre guerre de Flandres, etc. »

Quelquefois on a défendu les tournois et les joûtes pour un temps, à cause de quelque grande solennité, de crainte que les grands seigneurs et les chevaliers, qui désiraient faire paraître leur adresse dans ces occasions, négligeassent de se trouver à ces cérémonies, qui auraient été moins solennelles, s'ils ne s'y fussent pas trouvés. Ainsi le roi Philippe-le-Bel ayant dessein de faire ses enfants chevaliers, et d'en rendre la cérémonie plus magnifique, fit une semblable défense en l'an 1312 par une ordonnance, dont l'original est conservé en la chambre des comptes de Paris.

Des armes à outrance.

Les tournois, dont je viens de parler, n'étaient
que jeux et passe-temps, et ne se faisaient que
pour exercer la noblesse : c'est pourquoi on n'y
employait que des armes innocentes : et s'il y
arrivait quelquefois de funestes accidents, c'était
contre l'intention et l'esprit de ceux qui les in-
ventèrent, lesquels tâchèrent d'y remédier par
les règles et les lois qu'ils y prescrivirent. Mais
dans la suite des temps on en mit d'autres en
usage, où l'on combattait avec les armes, dont
on se sert dans les guerres, c'est-à-dire avec des
lances et des épées, dont les pointes n'étaient
point émoussées. D'où Mathieu Pâris a pris sujet
d'appeler cette espèce de tournois *torneamentum
aculeatum et hostile* parce que les deux partis
y venaient aux mains avec des armes offensives,

comme avec des ennemis. Nos Français lui ont donné le nom d'*Armes à outrance*, d'autant que ces combats ne se terminaient presque jamais sans effusion de sang, ou sans la mort de ceux qui entraient en lice, ou sans l'aveu et la confession de celui qui était terrassé et vaincu.

L'ordonnance de Philippe-le-Bel pour les duels, et Hardouin de la Jaille, en son traité sur le même sujet, qu'il dédia à René, roi de Sicile, admettent plusieurs cas, auxquels on était tenu pour vaincu dans les duels. Le premier est lorsque l'un des combattants avouait le crime dont il était accusé, et se rendait volontairement à son accusateur. L'autre était quand l'une des parties était jetée hors des lices, ou qu'elle avait pris la fuite. Et enfin le troisième était lorsqu'elle avait été tuée dans le combat. Car en tous ces cas *le gage de bataille était outré*, ainsi que parle le roi : c'est-à-dire qu'il était terminé par la mort, la fuite, ou la confession de l'une des parties. Car *outrer* signifiait proprement percer son ennemi de l'épée ou de la lance; d'où nous disons, *il lui a percé le corps d'outre en outre.*

On appelait donc particulièrement *armes à outrance*, les combats qui se faisaient avec armes offensives, de commun accord, et de com-

mun consentement, sans aucune ordonnance de
juges, et néanmoins devant des juges qui étaient
nommés et choisis par les parties, et sous des
conditions, dont on demeurait d'accord récipro-
quement. En quoi ces combats, s'ils étaient
singuliers, c'est-à-dire, d'homme à homme,
différaient des duels qui se faisaient toujours par
l'ordonnance du juge.

Les armes à outrance se faisaient ordinairement entre ennemis, ou entre personnes de
différentes nations, sous de différents princes,
avec les défis et les conditions du combat qui
étaient portés par les rois d'armes et les hérauts;
les princes donnaient à cet effet des lettres de
sauf-conduit à ceux qui devaient combattre dans
les endroits des deux États, dont on convenait.
Les juges du combat étaient aussi choisis par
les princes, et même les princesses s'y trouvaient quelquefois en cette qualité. Souvent ces
défis se faisaient en termes généraux, sans défi-
gurer les noms des personnes qui devaient combattre; mais on marquait seulement le nombre
de ceux qui devaient faire le combat, la qualité
des armes, et le nombre des coups que l'on
devait donner; et quoique le nombre des coups
qu'on devait donner fût ordinairement limité,
souvent néanmoins ne se séparaient-ils point

sans qu'il y eût des morts, ou de grièvement blessés.

Ces combats mortels se faisaient ordinairement entre des personnes, qui pour le plus souvent ne se connaissaient pas, ou du moins qui n'avaient aucun démêlé particulier entre eux, mais seulement pour y faire paraître la bravoure, la générosité, et l'adresse dans les armes. C'est pour cela qu'on avait encore établi des lois et des règles générales pour cette manière de combattre, auxquelles néanmoins on dérogeait quelquefois par des conditions, dont on convenait, ou qu'on proposait. La plus ordinaire de ces lois était que si on combattait avec l'épée ou la lance, il fallait frapper entre les quatre membres : que si on frappait ailleurs on était blâmé et condamné par les juges. La peine de ceux qui n'observaient pas la loi du combat était la perte de leurs armes et de leurs chevaux.

Il y a une infinité d'exemples de cette espèce de combats dans Mathieu Pâris, dans Froissart, dans l'Histoire de Louis, duc de Bourbon, écrite par d'Orronville, dans Georges Châtellain, Monstrelet, Coxton, et autres auteurs, qui font voir qu'ils se faisaient pour l'ordinaire en attendant les occasions d'un combat général entre les nations ennemies, en étant comme le prélude; de sorte qu'on usait du terme vulgaire de *tournoier*, lorsqu'on faisait de légers combats contre les ennemis avant la bataille, que les écrivains nomment *bellum campale*. Le sire de Joinville parle d'une joûte mortelle que fit un chevalier Génois contre un Sarrazin.

Quelquefois les armes à outrance se faisaient entre des personnes qui n'étaient pas ennemies d'Etat, le défi se proposant contre tous ceux qui voudraient entrer en lice, suivant les conditions qui étaient arrêtées par ceux qui faisaient les défis. Ce genre de combat est appelé par Mathieu Pâris *torneamentum quasi hostile*. Car comme il ne se faisait pas entre des personnes ennemies, les effets néanmoins étaient semblables, puisque l'on y employait les armes dont on se sert dans la guerre contre les ennemis, et que les suites avaient les mêmes périls.

Nous avons un exemple singulier d'un tournois de cette nature qui fut proposé et entrepris par Jean, duc de Bourbon, en l'an 1414. Et parce que les lettres de défi, qu'il fit publier, nous découvrent l'usage de cette espèce de combat, outre que d'ailleurs elles n'ont pas été publiées, je les insérerai en cet endroit, après avoir reconnu que je les ai tirés des *Mémoires de M. de Peiresc.*

« Nous, Jean, duc de Bourbonnois, comte de Clermont, de Fois, et de l'Isle, seigneur de Beaujeu, per et chambrier de France, désirans eschiver oisiveté, et explecter notre personne, en advançant nostre honneur par le mestier des armes, pensant y acquérir bonne renommée, et la grâce de la très belle, de qui nous sommes serviteur, avons naguères voué et empris, que nous accompagné de seize autres chevaliers et escuyers de nom et d'armes, c'est à savoir l'amiral de France, messire Jean de Châlon, le seigneur de Barbasan, le seigneur du Chastel, le seigneur de Gaucourt, le seigneur de la Heuze, le seigneur de Gamaches, le seigneur de Saint-Remy, le seigneur de Monsures, messire Guillaume Bataille, messire Drouet d'Asnières, le seigneur de la Fayette, et le seigneur de Poularques, chevaliers : Carmalet, Loys Cochet, et Jean-du-Pont, escuyers, porterons en la jambe senestre chacun un fer de prisonnier pendant à une chaisne, qui seront d'or pour les chevaliers, et d'argent pour les escuyers par tous les dimanches de deux ans entiers, commençants le dimanche prochain après la date de ces présentes au cas que plustost ne trouverons pareil nombre de chevaliers et escuyers de nom, et d'armes sans reproche, que tous ensemblement nous veuillent combattre à pied jusques à outrances, armez chascun de tels harnois qu'il luy plaira, portant lance, hasche, espée, et dague, ou moins de baston de telle longueur que chascun voudra avoir; pour estre prisonniers les uns des autres, par telle condition que ceux de nostre part qui seront outrez, soient quittes en baillant chascun un fer et chaisne pareille à ceux que nous portons; et ceux de l'autre part qui seront outrez sont quittes chascun pour bracelet d'or aux chevaliers et d'argent aux escuyers pour donner là où bon leur semblerait, etc.

» Fait à Paris, les premier de janvier, l'an de grâce 1414. »

Comme il se faisait des tournois de cette nature, c'est-à-dire des combats généraux, il s'en faisait aussi des particuliers. Tels furent les combats que Poton de Xaintraille, chevalier, entreprit au mois d'avril, l'an 1423 en la ville d'Arras, contre Lionel de Vendôme, chevalier Boulonais, et en l'an 1429, contre Nicolas Menton chevalier, au même lieu, en présence d'un grand nombre de noblesse.

Le mot tournois était un terme général qui comprenait tous les combats qui se faisaient par forme d'exercice. Mais proprement on appelait ainsi ceux qui se faisaient en troupes, et où plusieurs combattaient en même temps contre plusieurs, représentant la forme d'une bataille.

Après que ces combats généraux étaient achevés, on venait aux combats particuliers. Car alors ceux qui avaient dessein de donner des preuves de leur adresse, et de se faire remarquer comme vaillants, entreprenaient des combats singuliers, et y combattaient, ou de leurs épées, ou de leurs lances, contre ceux qui se présentaient. Les coups qu'un chacun devait donner, y étaient limités pour l'ordinaire à trois. Ces combats étaient appelés par nos Français *joûtes*. Il n'est pas aisé de deviner l'origine de ce mot, si ce n'est que nous disions qu'il vient du latin *juxta*, et du français *jouxte*, parce qu'ils se faisaient de près, comme se font les combats singuliers.

Les joûtes ne se faisaient pas seulement dans les occasions des tournois, mais souvent séparément, on en faisait les publications et les cris, de la part des chevaliers qui les proposaient, lesquels s'offraient de combattre contre tous venants seul à seul, dans les lieux qu'ils désignaient, et aux conditions qui étaient portées dans les lettres de leurs défis. Ces combats sont appelés en l'Histoire du Maréchal Boucicaut, *joûtes à tous venants, grandes et plénières.*

Or, il était plus honorable de combattre aux tournois, qu'aux joûtes; ce qui paraît en ce que celui qui combattait aux tournois pour la première fois, était obligé à son départ de donner son heaume aux rois et hérauts d'armes; comme aussi celui qui combattait aux joûtes pour la première fois. Mais celui qui, ayant combattu au tournois, venait à combattre pour la première fois à la joûte, n'était pas obligé de donner une seconde fois son heaume aux hérauts, ce qui n'était pas de celui qui ayant combattu à la joûte, venait après combattre au tournois, car il ne laissait pas d'être encore obligé de laisser son heaume. C'est ce que nous apprenons d'un traité des tournois : d'où on recueille encore que l'épée était l'arme du tournois, et la lance celle de la joûte.

Ces *joûtes plénières* dont je viens de parler, étaient proprement ce que l'on appelait les combats de la *Table Ronde*, que les auteurs confondent avec les joûtes. Car ils marquent qu'ils différaient des tournois, en ce que les combats des tournois étaient des combats en troupes, et ceux de la Table Ronde étaient des combats singuliers.

Les anciens donnent au fameux Arthus, roi des Bretons, la gloire de l'invention des tournois, des joûtes, et de la Table Ronde. Les Anglais même se persuadent que c'est cette table qui se voit encore à présent attachée aux murailles du vieux château de Winchester en Angleterre : ce que le savant Cambden révoque en doute avec sujet, écrivant que cette table est d'une fabrique bien plus récente. Thomas de Walsingham dit que le roi Edouard III fit bâtir au château de Windsor une maison, à laquelle il donna le nom de Table Ronde, dont le diamètre était de deux cents pieds.

Plusieurs estiment avec beaucoup de probabilité, qu'on appelle ainsi les joûtes à cause que les Chevaliers, qui y avaient combattu, venaient au retour souper chez celui qui était auteur de la joûte, et étaient assis à une table ronde, ce qui se pratiquait à l'exemple des anciens seigneurs Gaulois, qui, au récit d'Athenée, avaient coutume de s'asseoir autour d'une table ronde, ayant chacun derrière eux leur écuyer, et vraisemblablement pour éviter les disputes qui arrivent ordinairement pour les préséances.

Le traité des tournois remarque que lorsque les

chevaliers qui avaient combattu au tournois, ou
à la joûte, étaient retournés dans leurs hôtels;
ils se désarmaient et se lavaient le visage, puis
ils venaient souper chez les seigneurs qui faisaient la cérémonie de ces exercices militaires.
Et tandis qu'ils étaient assis à la table pour
manger, les principaux juges des tournois, qu'il
nomme *diseurs*, avec le roi d'armes, accompa-
gnés de deux chevaliers qu'ils choisissaient, pro-
cédaient à l'enquête de ceux qui y avaient le
mieux réussi; ce qui se faisait de la sorte. Ils
demandaient l'avis de chacun des chevaliers,
qui avaient assisté à ces combats, qui en nom-
maient trois ou quatre de ceux qui s'étaient le
mieux acquitté de leur devoir, et de ce nombre-
là ils s'arrêtaient à la fin à un, à qui on donnait
le prix.

Comme les Français n'étaient pas moins civils
et courtois envers les dames, qu'ils étaient vaillants dans les armes, souvent ils les constituaient
juges des tournois et des joûtes.

On peut ranger sous les joûtes, *les pas d'armes* : car c'étaient des combats particuliers, qui
s'entreprenaient par un ou plusieurs chevaliers.
Ils choisissaient un lieu, pour le plus souvent
en pleine campagne, qu'il proposaient de défendre contre tous venants, comme un pas, ou

passage, qu'on ne pouvait traverser qu'avec cette condition de combattre celui ou ceux qui le gardaient. Les entrepreneurs de ces pas faisaient attacher leurs armoiries à un bout des lices, avec quelques autres écus de simples, mais de différentes couleurs, qui désignaient la manière des *emprises*, et des armes avec lesquelles on devait combattre. De sorte que ceux qui se trouvaient là, et venaient à dessein de faire des armes, choisissaient la manière du combat, en touchant à l'un de ces écus qui la spécifiait. Au *Pas de l'Arc Triomphal* qui fut entrepris par François, duc de Valois et de Bretagne, et neuf chevaliers de nom et d'armes de sa compagnie, en la rue Saint-Antoine, à Paris, l'an 1514, pour la solennité du mariage du roi Louis XII, il y eut cinq écus attachés à cet arc triomphal : le premier d'argent, le second d'or, le troisième de noir, le quatrième tanné, et le cinquième gris. Le premier signifiait le combat de quatre courses de lances; le second d'une course de lances, et à coups d'épée sans nombre; le troisième à pied à coups de lance, et à coups d'épée d'une main : le quatrième à pied, à un jet de lance, et à l'épée à deux mains : et le cinquième était pour la défense d'un behourt, ou d'un bastion. Ces manières de combats étaient spéci-

fiées au long dans les défis, et les articles qui
se publiaient de la part de l'entreprenant par
les hérauts d'armes dans les provinces et dans
les royaumes étrangers. A l'endroit de ces écus
il y avait des officiers d'armes, qui avaient soin
de recueillir et d'enregistrer les noms de ceux
qui touchaient aux écus, pour être dépêchés à
tour de rôle, selon qu'ils avaient touché à ces écus.

Il semble que cette espèce de joûte a été la
plus en usage dans les derniers siècles. Nous en
avons des exemples dans l'*Histoire de Georges
châtelain*, dans la *Science héroïque* du sieur de
la Colombière, et en son théâtre d'honneur.

Après tous ces exercices militaires que je viens
de nommer, est celui de la *quintaine*, qui est
une espèce de buste posé sur un poteau, où il
tourne sur un pivot, en telle sorte que celui qui avec
la lance ne le touche pas au milieu de la poitrine,
mais aux extrémités, le fait tourner, et comme il
tien dans la main droite une épée ou un bâton,
et de la gauche un bouclier, il en frappe celui
qui a mal porté son coup. Cet exercice semble
avoir été inventé pour ceux qui se servaient de
la lance dans les joûtes, et qui étaient obligés
d'en frapper entre les quatre membres, autrement ils étaient blâmés comme maladroits.

La noblesse était tellement portée pour les

tournois, quo plusieurs en choisissaient les occasions pour s'y faire nommer chevaliers. Et plus de fois on s'y était trouvé, plus on obtenait de réputation, de valeur et d'adresse. Jean, duc de Brabant, qui perdit la vie dans une joûte, en 1294, s'était trouvé dans soixante-dix tournois, tant en France, en Angleterre, en Allemagne qu'en d'autres pays éloignés. De sorte que quand on voulait faire l'éloge d'un chevalier, on disait de lui qu'il avait fréquenté les tournois. Aussi les rois favorisaient tellement les gentilshommes dans ces occasions, qu'ils ordonnèrent qu'ils ne pourraient être arrêtés, ni leurs bien saisis pour leurs dettes, tant qu'ils seraient aux tournois.

FIN.

Limoges. — Typ. F. F. Ardant frères.